自分に奇跡を起こす手相術!

水落英雄
Mizuochi Hideo

TTJ・たちばな出版

はじめに

まことにありがたいことに、今回の本で、私の本は三冊目になります。

最初の本『手相が教えるあなたの開運期』（ＴＴＪ・たちばな出版刊）を出したときは、予想をはるかに超える大反響に大変驚きましたが、二冊目の本『なんでこんなにあたるのか！　手相術の神秘』（ＴＴＪ・たちばな出版刊）は、前作をさらに上回る大きな反響とお便りを頂戴いたしました。

「今まで読んだ手相の本の中で、一番分かりやすかったです」

「たくさんの鑑定例が出ていて、大変参考になりました」

「手相だけでなく、生き方へのアドバイスもたくさん書いてあって、とても勉強になりました」

「感動しました。線の純度など、実際の意味やその生かし方なども書いてあり、とてもよかったです。ただただ、すごいのひと言です」

「今まで、この種の本は何冊も読んできましたが、本書のような奥深い内容は初めてで、驚いていると同時に、とても参考になり、何回も何回も読み直しております。これからの人生に役立てて参りたいと思います」

などなどです。

私は、お便りのすべてに目を通して、「たくさんの方たちのお役に立てて本当によかった」と、心からうれしく思いました。

また一方で、かなり手相の勉強を進められている方や、プロの鑑定師の方々からも、多くの感想をいただきました。

なかでも多かったのは、

「これまで読んだどんな本にも載ってないことが書いてあったので、本当に驚いています」

「ずっと疑問に思っていた線の意味が、今回の本で分かって、目からウロコが落ちたような気がします。今後の鑑定に幅が出ると思います」

というようなものです。

たしかに、二冊の本には、他のどんな本にも載っていない線の解釈や、オリジナルの秘伝や鑑定法を、たくさん紹介しています。

それらは、実際に四万人を超える人たちの手相を拝見する中で、「絶対にまちがいない！」というものばかりなので、お読みいただいた方たちから、驚嘆の感想をたくさんいただいたのだと思います。

ただし、一冊目も二冊目も、そして今回の本もすべて、私ひとりで編み出したというわけではなく、特に、

「どうすれば、手相が素晴らしく変化していくのか」

「どうすれば、手相は育っていくのか」

「どうすれば、素晴らしい人生を歩んでいけるのか」

「どうすれば、運がよくなるのか」

という、人生の根幹に関わる大切な内容や、運命の法則などはすべて、私の生涯の師である深見東州《ふかみとうしゅう》先生から教えていただいたことが元になっている、ということを申し添えておきたいと思います。

最初の本『手相が教えるあなたの開運期』に詳しい経緯は記しましたが、私が手相の勉強を始めたのは十歳の時です。

たまたま、祖母と一緒に、実家・九州の「高塚《たかつか》地蔵」で手相を見てもらったのがそのキッカケでしたが、そのとき言われた言葉は、衝撃的なものでした。

「ボクね、二十歳で必ず死ぬよ」

そこからです、私が手相の勉強を始めたのは……。

そのとき、「二十歳で死なないためにはどうすればいいのか」という解決策は、いっさい教えてもらえなかったので、一生懸命に手相の線の意味を本などで調べて、自分で運命を変えていくしかなかったのです。

そうして、自分や周囲の人の手相をいろいろ見ていくうちに、「手相の線は変化していく」という事実が、だんだん分かるようになってきました。

それと同時に、「手相が変われば人の運命も変わる」「人の運命が変われば、それにともなって、手相も変化する」ということが、少しずつ分かり出したのですが、「どうすれば、自分の望むように変えていけるのか」という答えは、なかなか見つかりませんでした。

実は、それを教えてくださったのが深見先生です。

深見先生から学んだ運命の法則を当てはめていくと、驚くほどすべてがピタリピタリと符合していったのです。

そうして、深見先生のおっしゃったことをヒントに、それまでずっと分からなかった手相についての疑問も、次々と氷解していきました。

今回のこの本のなかにも、いままで明かしたことのない超オリジナルの秘伝をふんだんに紹介しています。

特に今回は、「運命改善」ということに焦点をあてて、その変化する過程も含めて、詳しく解説していきたいと思います。

本書を読まれたすべての方々が、ますます幸多くならんことを、心から祈念しています。

水落　英雄

自分に奇跡を起こす手相術！

◈

目次

第1章 手相の原理と鑑定の基礎

第2章 いま明かされる「手相の育て方」

第3章 必ず苦境は乗り切れる！ 本邦初公開！「逆転の手相術」

第4章 自分の運勢が劇的によくなる法

第1章

手相の原理と鑑定の基礎

◈「バック・トゥ・ザ・フューチャー」の法則

少し古い話になりますが、マイケル・J・フォックスが主演をして、世界中で大ヒットした『バック・トゥ・ザ・フューチャー』というSF映画がありました。公開されたのは一九八五年ですから、もう古典的名作ということになるのかもしれません。

なぜ、私がいきなりこの映画のことを話題にしたかといいますと、いろいろな方の手相を拝見する中で、この映画のシーンを思い浮かべることがよくあるからです。

特に、いろいろな障害にぶつかって苦しんでいる方を見ていると、「ああ、バック・トゥ・ザ・フューチャーだなあ」と、つくづく思うのです。

なお、その理由については、追ってご説明いたします。

映画をご覧になっていない方もいると思いますので、シリーズ一作目のあらすじを簡単にご紹介させていただきます。

マイケル・J・フォックス演じる主人公の少年は、ヒル・バレーに住む高校生です。少年が生きる現在は一九八五年で、そこからタイムスリップして、一九五五年の世界に降り立つところから、この映画のストーリーは始まります。

三十年前の世界では、主人公の少年は生まれていないばかりでなく、まだ両親は結婚もしていません。

ところが、過去に下り立った少年は、たまたま両親の出会いとなるはずだった交通事故に関わってしまうのです。両親が出会って恋に落ちなければ、〝未来〟の自分や兄姉たちの存在が消えてしまいます。

そこで少年は、父親と母親を結びつけようと、いろいろ画策するのですが、横恋慕する相手が現れたり、自分が母親に好かれてしまったりと、次々と難題が襲いかかってきます。

何とか〝本来の筋書き〟に戻そうと、悪戦苦闘しながら物語が進んでいくわけです。

この映画が興味深いのは、〝未来〟から来た少年が、特別な能力を持ったスーパーマンのようには描かれていないことです。

一九八五年に落ちこぼれの高校生だった少年は、一九五五年に行ってもそのままの存在です。

ただし、少年がその時代を生きている他の人々と大きく違っていたのは、「このまま行けばこうなる」という〝未来〟を知っていた、ということです。何しろ、両親が恋に落ちてくれなければ、自分は存在しないわけですから……。

それがモチベーションとなって、本来その時代に存在しないはずの少年は、持てる限りの知恵と勇気を振りしぼって、さまざまな状況に立ち向かっていきます。

そして、何とかタイムリミットまでに両親を結びつけることに成功し、現在という〝未来〟に戻ってきます。

少年が帰ると、一九八五年の現在には、ちゃんと自分も家族も存在していました。

しかし、以前と決定的に違っていたのは、悪友にこきつかわれていた父親が、逆に、悪友を部下に持つ立派な父親となっており、両親や家族が前よりももっと幸福な状態になっていた、ということです。

◈人生の筋書きは一つだけではない！

映画『バック・トゥ・ザ・フューチャー』では、過去を変えることによって現在が変わりましたが、そんなことは現実にはあり得ないかもしれません。

しかし、よく考えてみると、一九五五年の世界に下り立った少年にとっては、一九五五年が、その時点での〝現在〟ということになります。

自分が置かれた状況の中で、必死にがんばっている場所が、常に少年にとっての〝現在〟であり、自分が本来生きていた一九八五年の世界は〝未来〟です。

そして少年は、自分のやるべきことを終えて、〝未来〟に帰って行きます。

ですから、この映画のタイトルである『バック・トゥ・ザ・フューチャー』とは、実に見事なネーミングだといえるでしょう。

では早速、手相の話に入っていくことにいたしましょう。

手相には、その方の過去や現在はもちろんのこと、これから先に起きるであろう未来のできごとまでもが、克明に記されています。

そして、手相を拝見していて思うことは、「ほとんどの人が、手相に刻まれたシナリオ通りの人生を歩んでいる」ということです。

たとえば、鑑定を受けに来た方に、

「三年前に大恋愛をしましたが、あなたからモーレツにアタックしましたね」

というと、

「はい、その通りです」

という返事が、だいたい返ってきますので、

「でも、去年の後半から、相手の心が急に冷めてきて、何とかしようとあせるので

すが、あせればあせるほど、相手が自分から遠ざかっていくから、悶々とした日々が続いているんじゃないですか」

などと、お伝えすると、

「ええ……、たしかにその通りですが、なぜ手を見ただけで、そこまで分かるんですか？」

と、実に不思議そうな顔をされます。

しかし、**「その方の手相」**が**「その方の真実」**を教えてくれていますから、**私はもちろん、「その方の真実」をお伝えしているだけ、といえるかもしれません。**

「この方が、どうか幸せになりますように」という願いを込めながらお伝えしているわけです。

私の鑑定の基本は、『なんでこんなにあたるのか！ 手相術の神秘』でもお話ししましたように、**「初めに、その人の性格をご説明する」**ということと、「これから

先のことを見る前に、その人の過去をしっかりと鑑定する」というものです。

なぜ、過去を見ていくかといいますと、いま現在その人が抱えている問題、あるいは、未来に起きる可能性のある問題を解決するためには、過去をひもとかなければならない場合が多いからです。

「過去があって現在があり、現在があって未来がある」のですから、当然といえば当然です。

もちろん手相には、未来のシナリオもすべて記されていますが、あくまでも現時点で「このまま行けばこうなりますよ」ということを教えてくれているに過ぎません。

ですから、現在の生き方や考え方を素晴らしくしていけば、未来はドンドン変わっていきますし、それにともなって、手相も変化していきます。

つまり、「**人生にはあらかじめ用意されたシナリオはありますが、それは書き変えが十分に可能であり、素晴らしく書き変えるかどうかは、大きく自分にかかっている**」ということです。

人生のシナリオは書き変えられる！

ですから、手相に刻まれたシナリオ通りの人生を歩む必要はまったくありませんし、私はいつも、「何とかシナリオ以上の素晴らしい人生を、皆さんには歩んでいってほしい」と、心から願って鑑定しています。

しかし、手のひらに刻まれている「本来のシナリオ」は大変に強いものです。

波風のあまりない平たんな筋書きであれば、努力した分だけの成果が上がりやすいのかもしれませんが、いろいろな方を見ていると、なかなか思いどおりにはいかないようです。

どんなに前向きな気持ちでがんばっていても、一瞬にしてすべての努力が水泡《すいほう》に帰《き》すこともありますし、いままでの自分がまったく通用しなくて、路頭に迷ってしまうこともあります。

このように、身の周りにはたくさんの災難が降りかかってくることが少なくありませんし、そういうとき、常に適切な対処をしていくことは、決して簡単なことではありません。

そこで再び、『バック・トゥ・ザ・フューチャー』を思い返していただきたいのです。

〝未来〟から来た少年は、「このまま行けばこうなる」という筋書きを知っていたから、「いま自分が何をしなければいけないか」ということをハッキリと自覚し、持てる限りの知恵と勇気を振りしぼって、困難な状況に立ち向かうことができたのだと思うのです。

それでもなかなか思ったように変えることはできず、何度か〝未来〟に戻ってきて、軌道修正を重ねていきます。

もちろん、現在と未来の間には相関関係がありますから、現在のストーリーが変われば、未来は必ず変わっていきます。

そこで、皆さんに考えていただきたいことがあります。

それは、もしも『バック・トゥ・ザ・フューチャー』の少年のように、タイムマシンに乗って未来を見ることができるとするならば、どういうケースが考えられるか、ということです。

二通りのケースが考えられるのではないかと思います。

一つめは、「タイムマシンに乗って未来の自分を見てきたら悪かった」というケースです。

こういうとき、皆さんならいったいどうするでしょうか。

「ああ、将来の自分はダメになっている……」

といって、落胆したままの人生を送ってしまうのでしょうか。

それとも、

「悪い自分には絶対なりたくないから、悪くならないための努力を、今日から始めるぞ！」

といって、改善に向けてがんばり始めるでしょうか。

私は、「きっと皆さんは後者の道を選ぶのではないか」と確信いたします。

なぜなら、「本来の筋書きを変えれば未来が変わる」のですから、絶対にそうすると思います。

そして二つめは、「タイムマシンに乗って未来の自分を見てきたら、よくなっている」というケースです。

もしそうならば、いま苦難の真っ只中にいる人でも、未来の自分が大成功しているのですから、その苦難にも、喜びをもって立ち向かっていけるのではないでしょうか。

「いまの苦労がこれから先の大成功のために、すべて必要なことなのだ」と、きっ

手相で未来を見ることは
タイムマシンに乗って将来の自分を見ることと同じ

と分かるはずです。

いかがでしょうか。

もちろん私たちは、タイムマシンに乗って未来と現在を往復することはできませんが、実は、「手相で未来を見ていくことは、タイムマシンに乗って将来の自分を見ていくことと同じだ」といえるのです。

ですから、手相が教える重要なポイントをしっかりと見ていけば、あらかじめ用意されている人生のシナリオも、もっともっと素晴らしく書き変えることができるのです。

◈先天運《せんてんうん》と後天運《こうてんうん》

では、手を広げてみてください。

手相では、運勢の流れは主に手のひらの線で見ていきますが、実は、手全体から受ける印象はとても大切です。

細かく分けていけば、手の線以外にも、手の差し出し方、手の大きさ、手の厚み、指の長さ、色つやなど、手相を見ていくときのポイントはたくさんありますが、それらすべての要素から、総合的に、かつ、立体的に鑑定していきます。

たとえば、手の差し出し方一つでも、手をパッと広げて差し出す人、すぼめたような形で差し出す人、あるいは、なかなか手を出したがらない人など、実に多くのパターンがあります。

これは、その人の精神状態を反映したものだといえます。

昔から「手の内を読む」という言葉がありますが、手のひらには、その人の心の状態すべてが映し出されているので、自分の内面を人に知られたくないときは、手のひらを見せたがらないものです。また、精神的な問題を抱えている場合も同様です。勢いよくパッと広げて差し出す人は、行動力があって、いまの自分に自信を持っている人が多いものです。また、運のいい人も、だいたい手を広げて差し出してきます。

手を出すときに、「右手ですか、左手ですか」と質問する方もいますが、そういう人は、慎重である反面、決断力に乏しく、判断を人に委ねる傾向があります。

また、「ラストサムライ型」で手を差し出す方、小指だけが離れた状態で手を差し出す方など、実にさまざまです。（『なんでこんなにあたるのか！ 手相術の神秘』参照）

さて、「右手ですか、左手ですか」という質問に対する答えですが、その答えは、**「手相は必ず左右両方の手を見て鑑定する」**というものです。

というのは、右手と左手では、刻まれている線の意味が違うからです。手のひら

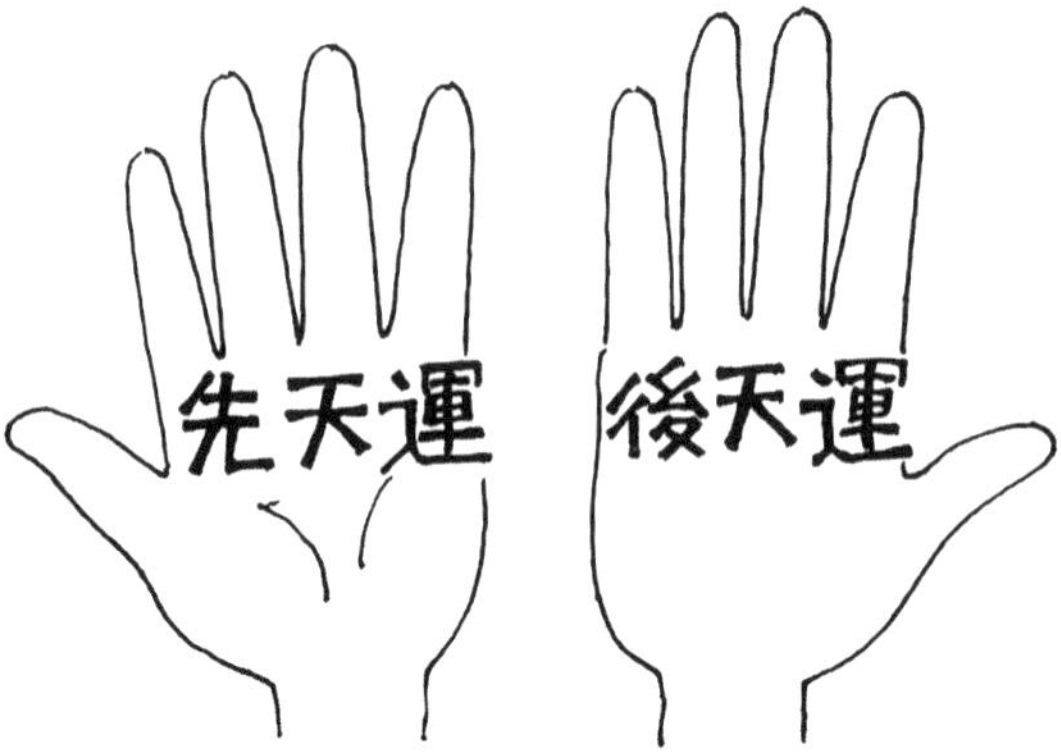

左手…おもに「先天運」　右手…おもに「後天運」

手相は必ず左右両方の手を見て鑑定する

は一見、左右対称に見えますが、細かな部分では相当違っています。

主に左手に現れるのは「先天運《せんてんうん》」です。

先天運というのは、親や先祖から受け継いだ才能や性格、運命の傾向等で、オギャーと生まれたときにすでに定まっているものです。その人の人生のベースとなるのが先天運だといえるでしょう。

それに対して、主に右手に現れるのが「後天運《こうてんうん》」です。

後天運とは、生まれた後の環境や本人の努力などで形成されるもので、その人のいま現在の状態を如実に現しているものだといっていいでしょう。

基本的には、**先天的に持って生まれた才能や素晴らしい持ち味を生かしながら、後天的な努力で、長所は伸ばし、短所は補っていくことが、よりよい人生を生きていくうえでの大きな秘訣です。**

ですから、必ず右手と左手の両方を見て、総合的に、かつ、立体的に鑑定を進めているのです。

◈手の大きさ・指の長さ

人は直立歩行するようになってから両手が自由になり、さまざまな文化を創り上げてきたといわれています。身体のいろいろな部位の中でも、特に手は、人間であることを象徴する特別なところだといえるでしょう。

それだけに、手というのは人によって千差万別で、百人いれば百人分、千人いれば千人分の手相があるのです。

つまり、「同じ手相を持った人は、この世の中に存在しない」ということです。

ですから、手相は一人ひとりの性格や、ものの見方・考え方、また、過去、現在のことはもちろんのこと、これから歩んでいくであろう未来の様子や、その人の運勢、さらには健康状態に至るまで、本当にいろいろなことを教えてくれるのです。

先ほど、手の差し出し方も人によっていろいろな出し方があることや、手の差し出し方から、その人の性格やいまの心の状態なども分かると申しましたが、実は、差し出した手を見て、「大きな手の方だなあ」という人もいれば、「えらく小さい手をしている人だなあ」と思う人もいます。

一般的に、手の大きな人というのは、繊細《せんさい》で慎重なところがあり、逆に、手が小さな人は、大胆で行動的です。

また、指の太さや長さも、人によっていろいろ違うものです。

指の太さについては、程よい肉づきが一番よく、指が極端に細い人は、エネルギーに乏しく、運勢もあまり強くない傾向にあります。
しかし、指が細い人でも、運勢を改善する方法がありますので、それについては、後ほどくわしくお話ししたいと思います。

指の長さについては、〈指の長さに現れる傾向〉として、長短の基準を示しましたので、ぜひそちらをご参照いただきたいと思います。

指の長さは、何センチ以上が長くて何センチ以下が短い、というのではなく、見た目の印象が大きく関わってきます。

たくさんの人の手を見ていくと、だんだんと指の長短がつかめるようになります。

〈指の長さに現れる傾向〉

●親指…人差し指の第3関節の半分を基準点とします。親指の先端が基準点より上にあれば長い、基準点に達していなければ短い、というのが判断の目安です。

親指の長い人は愛情に恵まれます。他人からの愛も受けられ、また人への愛も施せる人です。

●人差し指…中指の第1関節の半分が基準点です。文字通り、人にものを指し示す指ですから、人差し指の長い方はリーダーシップがあります。しかし、あまり長すぎると、何でも自分で仕切りたがる傾向が出て、周囲から鼻持ちならない人と受け止められるケースもありますので、注意が必要です。

●中指…5本の指の真ん中に位置する中指の長さは、他の指の長さを見る場合の基準となります。人差し指や薬指と比べて、この中指が突出して出ていれば、中指の長い人と判断できるでしょう。中指の長い人は忍耐力に優れ、ガマン強く、ひとつのことをやり遂げる力があります。また、反骨精神が旺盛な人です。

●薬指…基準点は中指の第1関節の半分です。つまり、中指をはさんで人差し指と同じぐらいの位置にあるのが標準的な薬指の長さということになります。薬指の長い人は強運の持ち主です。周囲からの評価が高く、世の中で成功を収めている人が多いのも、長い薬指の特徴です。

●小指…薬指の第1関節が基準点です。小指が長い人は弁舌や文才に長け、教育関係の分野などで活躍することが多いようです。人を動かせる力があり、また財運にも恵まれます。

◈丘《おか》はエネルギーの貯蔵庫

それぞれの指の特徴と長さの基準を説明いたしました。

今回の本で、「指の長さの基準」と「それぞれの指の意味」を初めて公開いたしましたが、それにしてもなぜ、それぞれの指の長さによって、運勢に対する影響が異なるのでしょうか。

手相というのは、ただ丸暗記しようとするとなかなか覚えられないものですが、それぞれの指や、これからご説明する「丘《おか》」が、**どの星からのエネルギーを受けているのか**がきちんと理解できると、手相の線の意味も、とても頭に入りやすくなります。

これは一つの秘伝といってもいいでしょう。

それでは皆さん、それぞれの指のつけ根あたりに、ふくらんでいる部分があることを確認できると思いますが、この盛り上がった部分を、手相学上「丘《おか》」と呼んでいます。

手のひらは、よく観察してみると、非常に立体的な地形をしていることに気づかれることでしょう。

図1は、手のひら全体の丘の位置とその名称です。

ご覧のように、親指の下が「金星丘《きんせいきゅう》」、人差し指の下が「木星丘《もくせいきゅう》」というように、丘にはそれぞれ星の名前がついていますが、この「金星」とか「木星」というのは何かといいますと、ズバリ、夜空に輝いている、あの天体の星のことです。

「手のひら」と「星」？

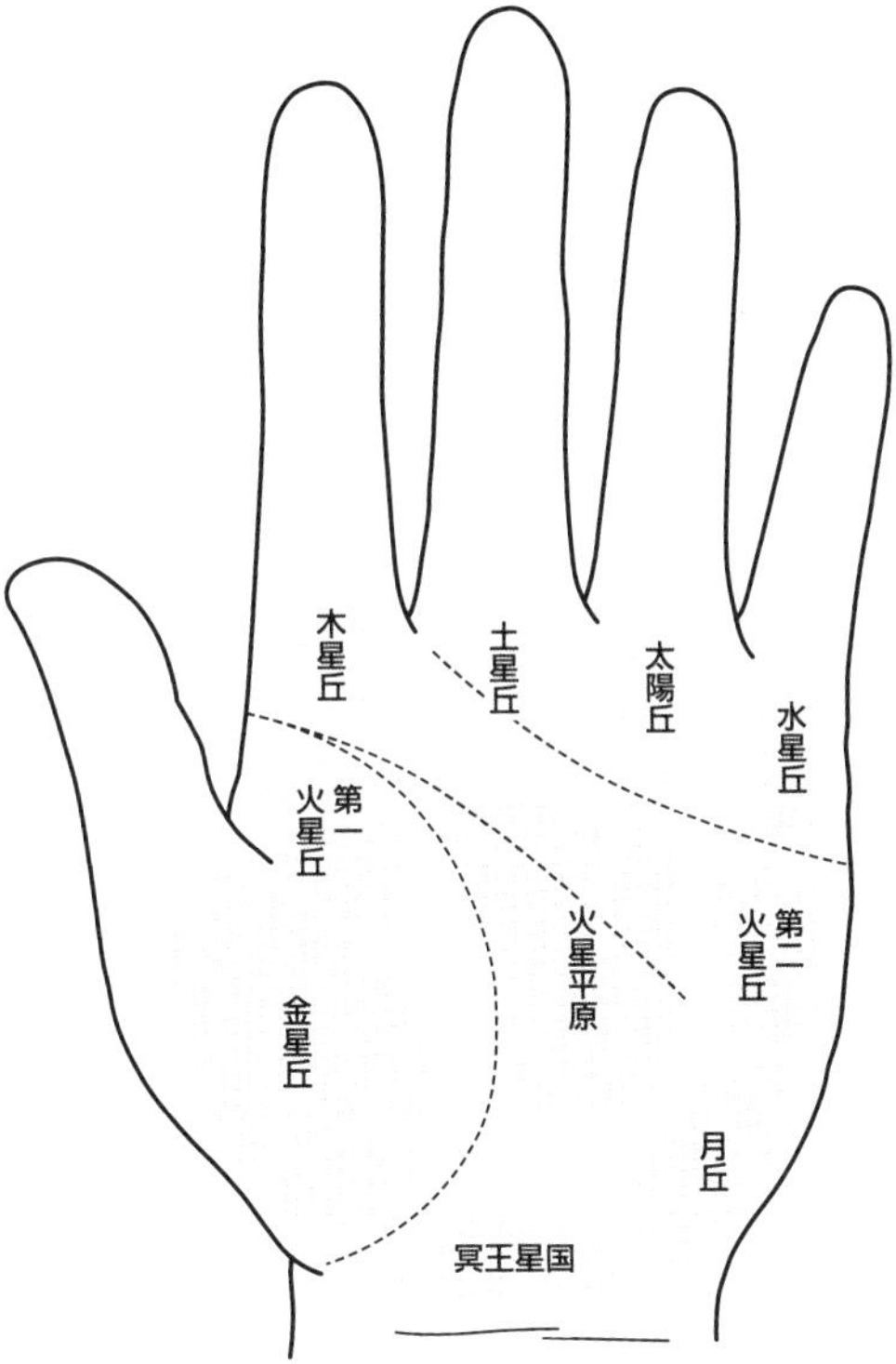

図1 ● それぞれの丘の名称

皆さんのなかには、「手のひら」と「星」がどんなふうにつながっているのか、イメージしにくい人もいることでしょう。

ふだんは意識することも少ないと思いますが、私たちは、宇宙の星からさまざまなエネルギーや波動を受けながら生きているのです。

それぞれの星からは、幸運エネルギーや波動が出ていて、それが一人ひとりの運命や運勢に大きく影響しています。ですから、その人が生まれた時の星の配列を元にして占うのが、西洋占星術のホロスコープなのです。

実は手相も、ある意味、ホロスコープと同じ原理でとらえることができます。

その詳細は、『なんでこんなにあたるのか！　手相術の神秘』のなかで述べましたので、そちらを参照していただくとして、とにかく、ハッキリいえることは、宇宙の星々のエネルギーが手のひらに映し出されている、ということです。

たとえば、金星はヴィーナスとも呼ばれ、愛の星として知られていますが、金星からは愛の波動がいっぱい降り注いでいます。その金星からのエネルギーが蓄積さ

指は星からの波動を受信するアンテナの役割を果たしている

れている場所が、親指のつけ根のふくらんだ部分、つまり「金星丘」というわけです。

このように考えると、それぞれの指の働きとその意味も分かってくるのではないでしょうか。

つまり、「指は星からの波動を受信するアンテナの役割を果たしている」ということです。

ですから、指が長く、程よい肉づきの人は、星からの素晴らしいエネルギーや波動をたくさん受信できる感度のよいアンテナを持っている、ということになります。

親指の長い人は、金星から降り注ぐ愛の

エネルギーと波動をたっぷり受け止めることができるので、愛情に恵まれる人生を送ることになる、というわけです。

◈宇宙の星々と運命との関係

宇宙には無数の星があり、その星が私たちの運命にさまざまな影響を与えているのですが、特に影響が大きいのは、太陽や月などの「太陽系の星々」です。

それでは、太陽系の星々が発しているエネルギーの特徴を挙げていきましょう。

前著では、それぞれの丘《おか》の意味を説明いたしましたが、今回は、星に焦点をあてて説明してみたいと思います。

図1に示したそれぞれの丘と関連づけて覚えると、大変に便利です。

〔太陽〕成功・人気・金運

すべての生命の源であり、エネルギー源である太陽からは、明るく発展的な波動がいっぱい降り注いでいます。円満に過不足なく社会で完成成就《じょうじゅ》させ、地位や名誉、栄光を備えさせてくれるのが、光り輝く太陽の功徳《くどく》であり、エネルギーです。

●太陽丘《たいようきゅう》…薬指のつけ根にあるふくらみ

〔月〕夢とロマン・想像力（他力《たりき》の援助の部分）

月からは夢とロマンにあふれた波動が発せられており、豊かなイマジネーションの源泉となっています。また、月ヘンの漢字には「腰」「肝」「臓」など、体と健康に関するものが多いことからも分かるように、月は身体に深く関係しており、月丘《げっきゅう》にはいろいろな内臓のツボが集まっています。

●月丘《げっきゅう》…小指のつけ根よりもずっと下にさがった手のひらの内側にあるふくらみ

（第二火星丘の下）

〔水星〕知性・判断力・商才

水星は探究心に満ちあふれた星で、真理を追求するエネルギー波を地上に送り出しています。新しいものを生み出し、また、それを流通させていく経済的な知恵や商売のやる気も与えてくれるのが、水星の波動の特徴です。

●水星丘《すいせいきゅう》…小指のつけ根にあるふくらみ

〔金星〕美・愛情・芸術

愛の女神ヴィーナスに象徴される金星からは、愛と美の波動が降り注いでいます。金星の美の波動は若々しく健康的なエネルギーで、内面的な美にも関係しています。学問や芸術、宗教にも関わりの深い星です。

●金星丘《きんせいきゅう》…親指のつけ根にあるふくらみ

〔火星〕情熱・戦い・勇気

火星はその名の通り、燃え盛る情熱と闘争エネルギーの源となる星です。星占いでは、火星は戦争を暗示する不吉な星とされていますが、それは火星の闘争的な波動がマイナスに作用することがあるからです。しかし、現実社会で厳しい競争を勝ち抜くためには、火星のエネルギーは重要な意味を持っています。

●第一火星丘《かせいきゅう》…親指と人差し指の間にあるふくらみ
●第二火星丘…水星丘の月丘の間にあるふくらみ
●火星平原…第一火星丘と第二火星丘の間の平坦な部分

〔木星〕向上心・目標に向けた努力

洋の東西を問わず、古くから幸せの星として知られている木星は、地上の願いごとを天に反映させて結実させる働きを持つといわれています。木星の波動を受けると、願望成就に不可欠な、進歩、発展、向上という、前向きで一途なエネルギーが湧《わ》いてきます。

●木星丘《もくせいきゅう》…人差し指のつけ根にあるふくらみ

〔土星〕思慮《しりょ》深さ・忍耐《にんたい》・持久力

ひと言でいえば、土星は「試練の星」です。人生を大きく花開かせていくためには、苦しみに耐え、困難な状態を雄々《おお》しく乗り切っていかなければなりません。特に高い志《こころざし》を持つ人にとって、土星のエネルギーは重要な役割を果たします。

●土星丘《どせいきゅう》…中指のつけ根にあるふくらみ

〔冥王星〕死と再生の象徴

冥王星の特徴は、不屈の精神を与えてくれることです。何度倒れそうになっても、「七転び八起き」の精神で、立ち上がるエネルギーが湧いてきます。

●冥王星国《めいおうせいこく》…手首のつけ根にあたるところ（ここだけは丘ではなく、「冥王星国」と呼ばれています）

なお、私の人生の師である深見東州《ふかみとうしゅう》先生の『強運』『大金運』『大創運』（ともに、TTJ・たちばな出版刊）などの本には、太陽系の天体が持っているスピリチュアル・パワーと、その幸運エネルギーやご利益《りやく》を手に入れて幸せになれる方法が、とても詳しく紹介されています。興味のある方は、ぜひお読みいただきたいと思います。

◈先天運を補えば必ず幸せになれる

今ご説明したことを簡単にまとめると、以下のようになります。

▼指は、星からの素晴らしい幸運エネルギーや波動を受信するアンテナの役割を果たす。

▼指が長ければ長いほど、また、肉づきがいいほど、幸運エネルギーをしっかりと

受信することができる。

▼丘は、各星からの幸運エネルギーを貯蓄する貯蔵庫である。

以上のことから考えると、指に適度な肉づきがあり、そして、手のひらに程よい厚みと、さらに、すべての丘がふっくらと盛り上がっている人は、いかに素晴らしい人生を歩んでいける強運の持ち主であるかがお分かりいただけるでしょう。

ただし、この丘のふくらみは先天的に決まっており、ふくらんだり、しぼんだりすることは決してありません。また、指の太さや長さも、同様に変わりません。

では、もともと指が細くて短くて、丘のふくらみの少ない人は、幸運な人生を歩んでいくことはできないのでしょうか。

図2をご覧ください。

これは、1本1本の指が大変細くて、しかも、丘のふくらみがほとんどない、あ

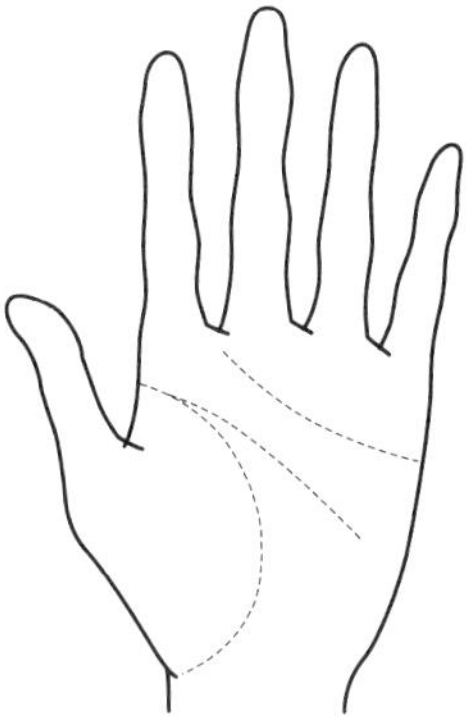
指の1本1本がとても
細く、丘のふくらみも
ほとんどない弱々し
い手をしている

図2 ● 6年前のNさんの手

る男性の手相です。実は今回ご紹介する、Nさんの六年前の手相です。

ご覧いただいてお分かりのように、指の1本1本が大変細く、「とても弱々しい手をしているなあ」というのが、手全体から受ける第一印象でした。

鑑定に来たNさんは、どう見ても、年齢が三十代後半に見えたので、会話の途中で、「ところでNさん、お子さんはもう中学生くらいですか？」

と尋ねると、

「いえ、私はまだ独身で、二十五歳です」

というのです。

「えっー⁉　まだ二十五歳?」
目が点になるくらいに驚いたことを、今でもはっきりと覚えています。
それくらい、Nさんは老けて見えたのです。

ところで、「指の1本1本が細く、全体的に弱々しい手をしている」ということは、「このままでは弱々しい人生を歩んでしまうおそれがある」ということを暗示しています。

私は鑑定するとき、**いつもその方の手を持ち、「手の内側」と「手の外側」の両方を必ず拝見する**ことにしています。

手の外側、つまり、手の甲を見る理由については、前著のなかで、「**手の外側には、その人の外面、つまり、見た目そのままが現れているので、手の甲を見れば、その人の顔かたちや外面から見た印象が大変よく分かる**」とご説明いたしました。
一方、その方の手をお持ちしたり、握手したりする理由については、同じ本のなかで、**「手には、その人のすべてのエネルギー、つまり、その人の生き様のすべて、性格のすべてが出ている」**と書きましたが、手を持ったその瞬間に、その人から発せられている目に見えないエネルギーや波動がパッと伝わってくる、といったらいいのかもしれません。

というのは、**手から発せられるエネルギーとは、言い換えれば、その人のふだんの「ものの見方や考え方」であり、さらには、その人の「生き様」であり、その人の持っている「運勢」であり、そして、その人の「人生」そのものだからです。**

だからこそ、手を通してさまざまな情報が読み取れるのでしょうし、手を持った瞬間に、おおまかな、その人の「人となり」が分かるのだと思うのです。

これは本当に不思議なことですが、今まで三万人以上の方たちの手を鑑定してきて、だんだんはっきりとしてきたことです。

ですから、手から勢いのあるエネルギーを感じる人は、勢いのある人生を歩んでいますし、逆に、そこそこのエネルギーしか感じない人は、そこそこの人生を歩んでいるケースが実に多いのです。

Nさんの話に戻りますが、先ほどもいいましたように、Nさんは指の1本1本が大変細いので、星からのいい波動やエネルギーが細くしか受けられません。

しかもNさんは、全体的に弱々しい手をしていましたが、それだけではなく、丘のふくらみもまったくといっていいほどありませんでした。さらには、手がパサパサで、Nさんの手を持っても、覇気《はき》がないというか、ほとんどエネルギーを感じることができなかったのです。

つまりNさんは、「このままでは弱々しい人生になってしまうだけでなく、ますます先細りの人生を歩んでしまうおそれがあった」というわけです。

私は、Nさんのこれから先がとても心配になりました。

そこで、

「Nさん、ボランティア活動を始めてみてはいかがですか。何かの対価や見返りを期待するのではなく、心の底から『人によかれ』という愛と真心をもって、人に喜ばれることをどんどん行っていってくださいね。そうすると、目に見えない徳《とく》がドンドン積まれていきますから、やがてそれが自分にも返ってきて、必ず幸せになりますよ」

と、アドバイスした記憶があります。

それが六年前です。

しかし、そんなふうにアドバイスしたことさえ、すっかり忘れていたのです。

◈Nさんが六年間で蓄積したもの

それが今年になって、六年ぶりにNさんが私のもとを訪ねてこられたのです。

「水落さん、Nです。覚えていらっしゃいますか」

Nさんはそうおっしゃるのですが、Nさんのことを思い出すのに、とても時間がかかりました。

というのは、もともとNさんの印象が薄かったということもありますが、いま私の目の前にいる青年は、顔つきも凛々《りり》しく、見違えるほど素晴らしい男性になっていたからです。

それだけではありません。

Nさんは一人ではなく、女性と一緒に来ていました。その女性はとても美しく、しかも、上品なお嬢さんでした。


お話を聞くと、Nさんは早速、私の鑑定を受けた次の日、近くにあるボランティアの施設に行って、自分にできることからボランティア活動を始めたそうです。

「まずは施設のお掃除から始めましょう」といわれて、それ以来、Nさんは仕事が終わったら、毎日ボランティアの施設に通って、必ず掃除を行ってから、いろいろなボランティア活動に参加していたそうです。なかでも、特にトイレは、毎日ピカピカに磨いていたとのことです。

施設では、細かな作業として、電話番をしたり、郵便物の整理をしたりもあったそうですが、Nさんは毎日通っていましたので、いつしか、誰よりも施設内のことが詳しくなっていたのです。

そんなある日のこと、新しくボランティアに参加したいという女性が施設に訪ねてきました。Nさんは当然のこととして、親切にいろいろと教えてあげていたそうですが、何事にも真摯《しんし》に取り組むNさんの姿を見て、女性のほうからNさんに恋心を抱くようになっていったというわけです。

その女性が、先ほどNさんの後ろに恥ずかしそうに立っていた女性であることはいうまでもありません。

実はそのお嬢さんは社長令嬢で、Nさんは彼女のお父さんの経営する会社で働くことになったとのことです。

やがては、その会社を継承することになるだろう、とも言っていました。

徳を積むと運命が変わる

いかがでしょうか。

「このままでは弱々しい人生になってしまうだけではなく、ますます先細りの人生を歩んでしまうおそれのあった」Nさんが、心の底から『人によかれ』という愛と真心をもって、人に喜ばれることを、見返りを期待せずにドンドン行っていったからこそ、目に見えない徳《とく》がいっぱい積まれて、**Nさんの人生そのものが大激変した**のです。

六年ぶりにNさんの手を拝見いたしましたが、もちろん、指の長さや太さは変わっていませんし、薄い手のひらもそのままです。

しかし、図3のように、**開運を意味する縦**

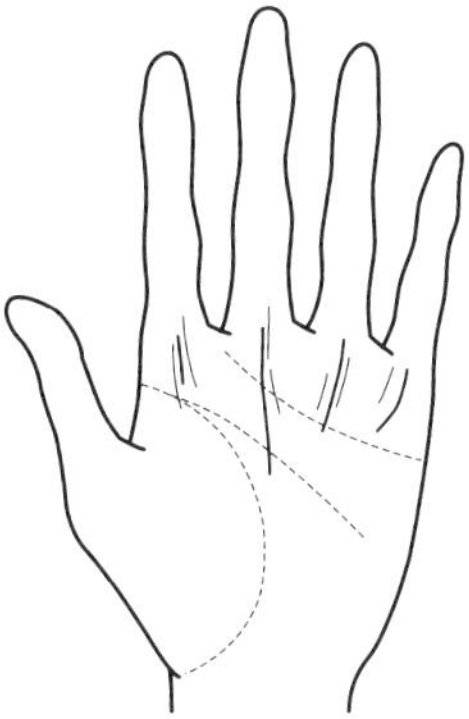
開運を意味する縦線が全ての丘の上に入っている

図3 ● 現在（6年後）のNさんの手

の線が丘《おか》の上に入っていたのです。

しかも、縦線が入っていたのは、一つの丘の上だけではありません。すべての丘の上に入っていたのです。

今まで十数年、三万人以上の人たちの手相を見てきましたが、こんなにスゴイ変化は見たことがありません。

一つの丘に、開運を意味する縦線が入っただけでもスゴイ変化なのに、Nさんは、すべての丘に縦線が入ったのですから、いかにスゴイことかが分かります。

なにせ、六年前には、丘の上に縦線は1本も入っていなかったのですから……。

つまりNさんは、大・大開運したのです。

実は、Nさんのこの縦線には、非常に重要な意味が含まれています。

つまり、**丘のふくらみが少ない人、指の1本1本が細い人でも、「努力することによって蓄えられた幸運エネルギー」が、丘の上を走る縦線となって現れてくる、**ということを教えているのです。

ですから、指が細くても、また、丘のふくらみがたとえなくても、悲観することはまったくありません。

このように、**徳《とく》をドンドン積んでいけば、目に見えない幸運パワーがドンドン蓄えられて、人生は必ず素晴らしい方向に進んでいく**のです。

なによりも、Nさんの人生そのものが、それを教えてくれているといえるでしょう。

なお、Nさんの運命線上三十一歳のところに、太陽丘に向かう、うっすらとした線が伸び始めていました。手相がきちんと育ち始めているのです。

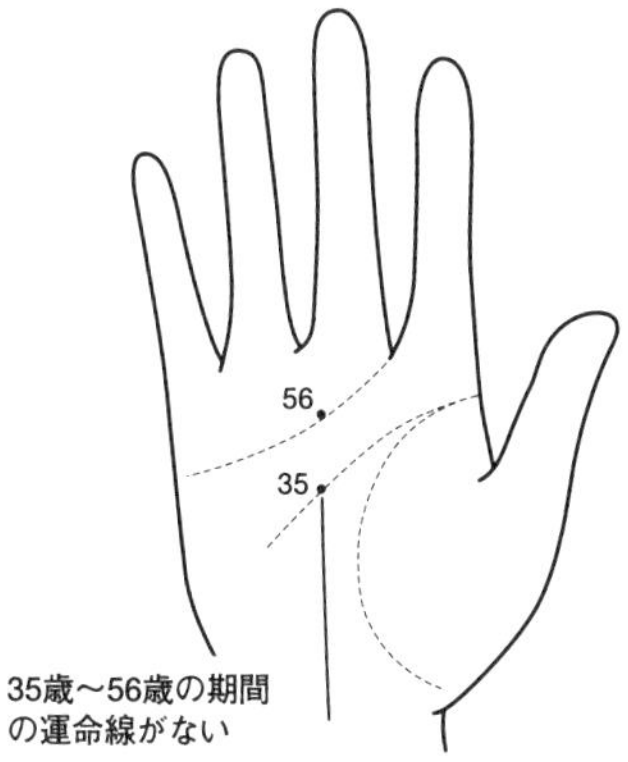
56
35
35歳〜56歳の期間
の運命線がない

図4 ● 6年前のNさんの運命線（右手）

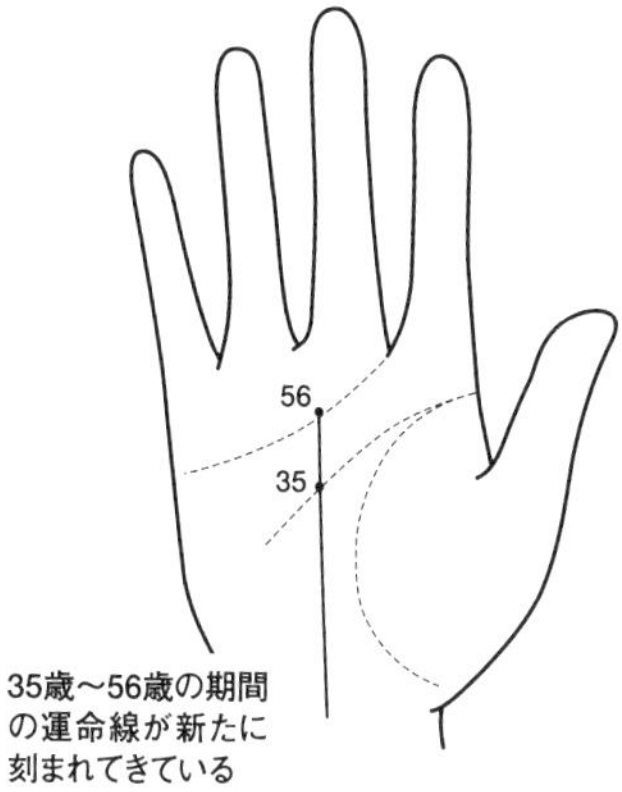
56
35
35歳〜56歳の期間
の運命線が新たに
刻まれてきている

図5 ● 現在（6年後）のNさんの運命線（右手）

きっと、一緒に来ていた美しくて上品な女性と結婚して、素晴らしい人生を歩んでいくに違いありません。

しかも、図4と図5をご覧ください。

図4は、六年前のNさんの運命線です。

そして図5は、いま現在のNさんの運命線です。

この両者の決定的な違いが、何かお分かりになりますでしょうか。

六年前のNさんには、三十五歳〜五十六歳の運命線が入っていません。

それに対して、いまのNさんには、三

十五歳〜五十六歳の運命線が、うっすらですが、刻まれているのです。

三十五歳〜五十六歳の時期とは、人生において最も重要な時期です。

つまりNさんは、**徳《とく》をいっぱい積んだことによって、三十五歳〜五十六歳の大切な期間の未来が、大きく好転した**ことが分かるのです。

さらに、六年前のNさんは手がパサパサでしたが、いまは手に潤《うるお》いも出てきていたのです。

これについても前著で紹介したように、手の甲がパサパサしている人は、パサパサの人生を歩むおそれがあるのに対して、手の甲がしっとりしている人は、潤いのある充実した人生を歩んでいくことを、教えてくれているのです。

◈トイレをピカピカに磨くといいことがいっぱい！

最後に私は、

トイレを毎日ピカピカに磨くといいことが身の回りに起きるようになる

「もう、トイレ掃除は別の方が担当されているんですか」

とNさんに尋ねたら、

「いえ、この六年間、トイレ掃除は一日も欠かしたことがありません」

という答えが返ってきました。

ただただ、頭が下がるばかりです。


ここでとっておきの話を一つ、皆さんのためにそっとお教えしましょう。

Nさんが、ボランティア施設のお掃除のうち、特にトイレを、六年間一日も欠かすことなく、毎日ピカピカに磨いていた、という話をご紹介いたしましたが、私の人生の師である深見東州《ふかみとうしゅう》先生からお聞きしたところによりますと、トイレには「金勝要《きんかつかね》」という大切な神様がいらっしゃって、トイレでご飯が食べられるくらいピカピカにお掃除をすると、金勝要の神様が、あふれんばかりの功徳《くどく》を授けてくださって、いいことがドンドン起こるように導いてくださるのだそうです。

トイレ掃除は、ややもすると、みんなが避けたがるものですが、人の嫌がることでも、喜んで行うその行為を、神様が愛でてくださるのかもしれません。

◈手相の基本となる4本の線

基本となる4本の線については、過去の著書にも書いていますが、大切なことなので、もう一度、簡単にまとめておきたいと思います。

手のひらにはさまざまな線があり、人によって出方は異なりますが、図6に示し

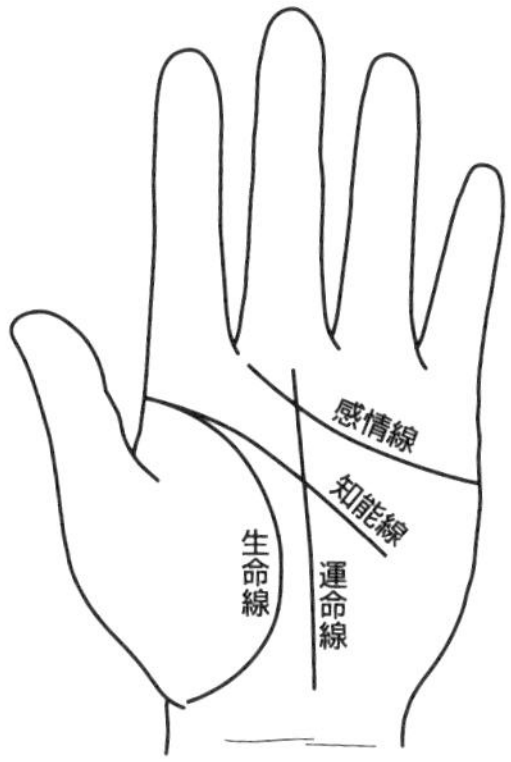

図6 ● 4つの基本線

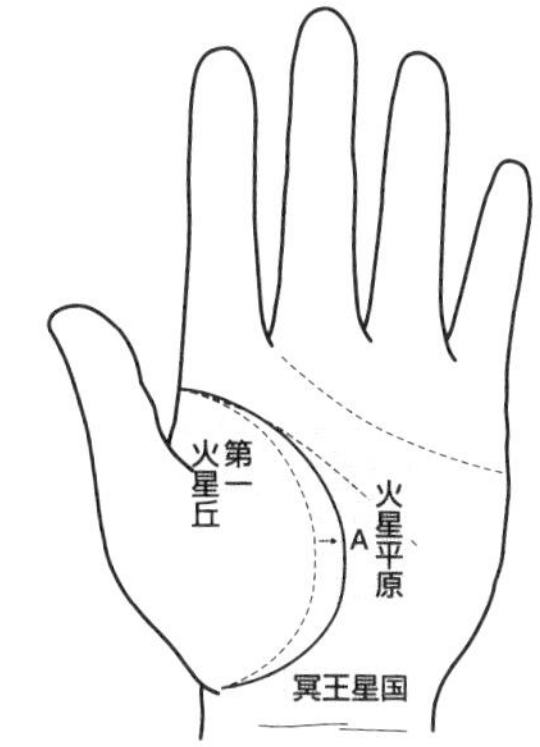

「第一火星丘」→「冥王星国」
A線は「火星平原」に強く引っ張られているので、生命力、体力のある人を表す

図7 ● 生命線

た4本の線は、ほとんどの方にあるものであり、手相を見ていく上で最も大切な線です。

その際、この基本の線が、**「どの丘から始まって、どの丘の方向へ伸びているか」**という観点から見ていくと、1本1本の線の意味も、よりいっそう分かりやすくなります。

〈生命線〉…生命力やエネルギーの持続力（図7）

「第一火星丘《かせいきゅう》」を出発点にして、カーブを描きながら、手首のほう（「冥王《めいおう》星国《せいこく》」）に伸びている線です。

生命線が「第一火星丘」を出発点にしているのは、「第一火星丘」が情熱エネルギー、爆発エネルギーを象徴しているからです。まさに、「生命の誕生」を意味するといっていいでしょう。

冥王星は「死と再生」「始めと終わり」を意味します。

情熱エネルギーである「第一火星丘」から、死と再生を意味する「冥王星国」に向かっているのが生命線なので、人生の始まりから終わりまでの、人の一生の流れが刻まれているのです。

なお、生命線が外に大きく張り出している人は、火星平原に強く引っ張られているからです。火星平原も生命力を表しますから、生命線が外に大きく張り出している人は、エネルギーに満ちあふれ、生命力、体力のある人となるのです（図7のA）。

〈知能線〉…知的活動・感性

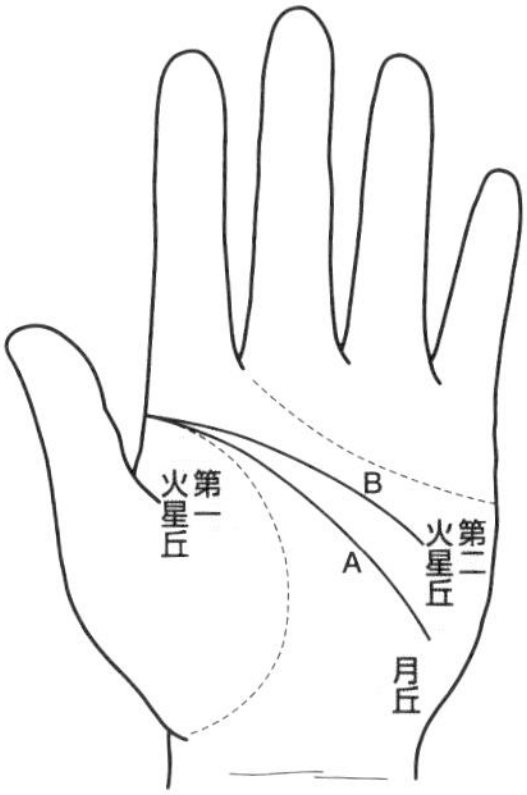
第一火星丘
B
A
第二火星丘
月丘
Bのように「第二火星丘」に向かう知能線の持ち主はビジネスに強い

図8 ◎ 知能線
「第一火星丘」からどの丘に向かっているかを見る

同じく「第一火星丘」から始まって、手のひらの内側のほうに向かって伸びている線です。「第一火星丘」は生命の始まりですから、当然、知能の始まりも意味します。

向かっていく先が、「月丘《げっきゅう》」であったり（図8のA）、「第二火星丘」であったりしますが（図8のB）、知能線は、その人の感性や知的な活動、考え方等に関わりの深い線で、どんな職業に向いているか、どんな仕事をすれば自分の持ち味を発揮できるか、ということを知能線で見ていきます。

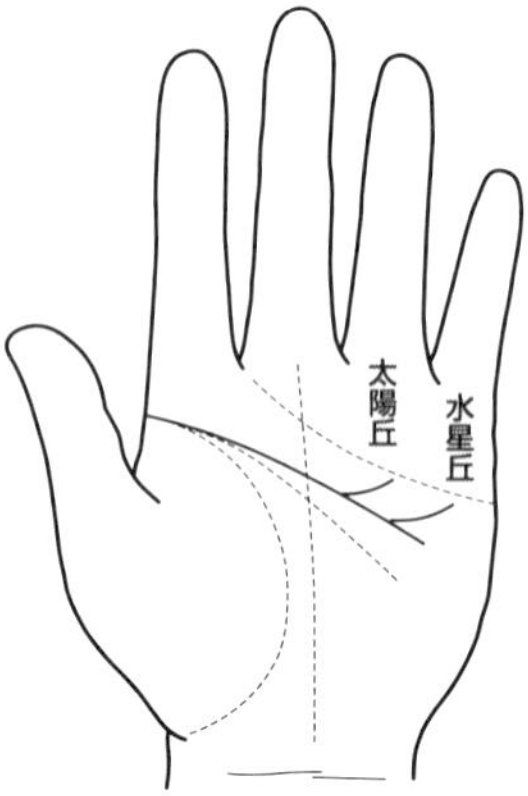

図9 ● 知能線から「太陽丘」や「水星丘」に向かって
支線の出ている人は才能豊かな人

図8のBのように、「第二火星丘」に向かう知能線ですが、「第二火星丘」は生命エネルギーを意味しますから、この知能線の持ち主は、この世で力強く生きていく知恵にすぐれた人が多く、特に、ビジネスに強いのが特徴です。

また、知能線から太陽丘《たいようきゅう》や水星丘《すいせいきゅう》に向かって出ている支線がある人（図9）は、それぞれの丘のエネルギーやパワーを強く受けますから、それだけ才能豊かな人なのです。

〈感情線〉…性格の傾向・精神的な営み

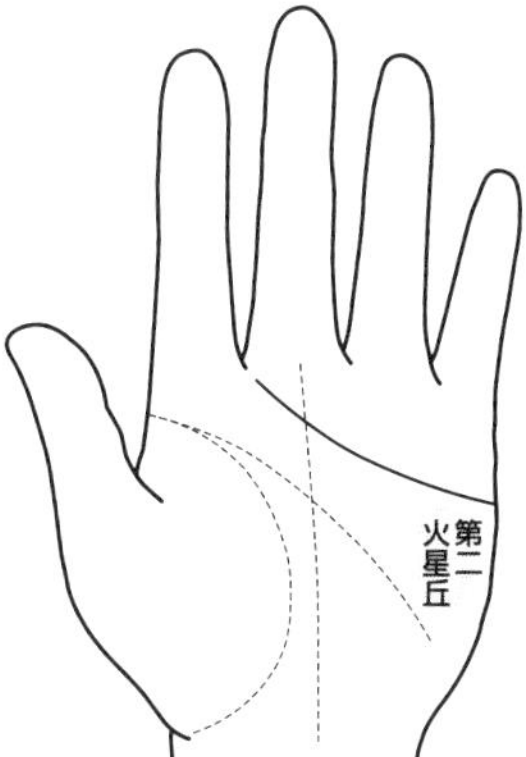

「第二火星丘」→人差し指の付け根あたり

図10 ● 標準的な感情線

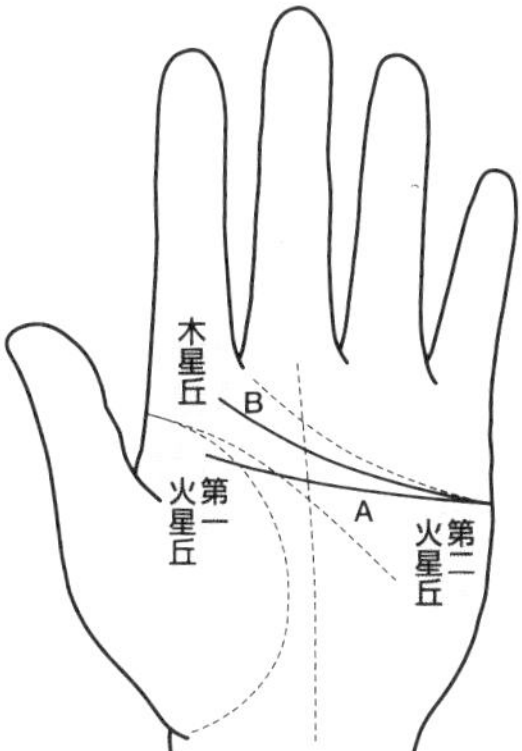

A「第一火星丘」に向かっている感情線
B「木星丘」に向かっている感情線

図11 ● 感情線

「第二火星丘」から横に伸びている線です。人差し指のつけ根あたりに向かっているのが標準的な形です（図10）。「第二火星丘」からまっすぐ「第一火星丘」に伸びていたり（図11のA）、「木星《もくせい》丘《きゅう》」に伸びていたりもします（図11のB）。

感情線は、主にその人の性格的な傾向や精神的な営みを現しています。心のテンションを映し出す線で、恋愛のタイプなども感情線によく現れます。

また感情線は、「感覚の傾向」「感じる傾向」を表し、それはその人の行動パターンに関係します。

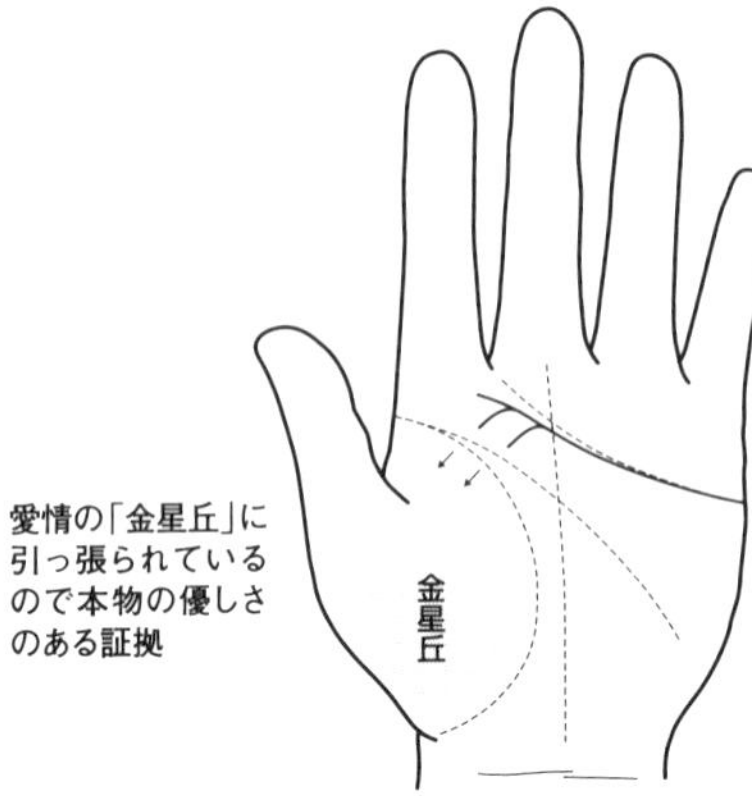
愛情の「金星丘」に
引っ張られている
ので本物の優しさ
のある証拠
金星丘

図12 ● 感情線が「金星丘」に引っ張られているケース

なお感情線は、よく変化する線です。

しかも、**感情線の先端がどの丘《おか》に向かっていくか、という点を見ていくと、性格の変化していく様子が、とても把握《はあく》しやすくなります。**

たとえば、図12をご覧ください。

これは、感情線が愛情の丘である「金《きん》星丘《せいきゅう》」に引っ張られている人のケースですが、さまざまな経験を積むことによって、人としての本当の愛情や優しさが身についたことによって、愛情の丘である金星の影響を大きく受けるので、このよ

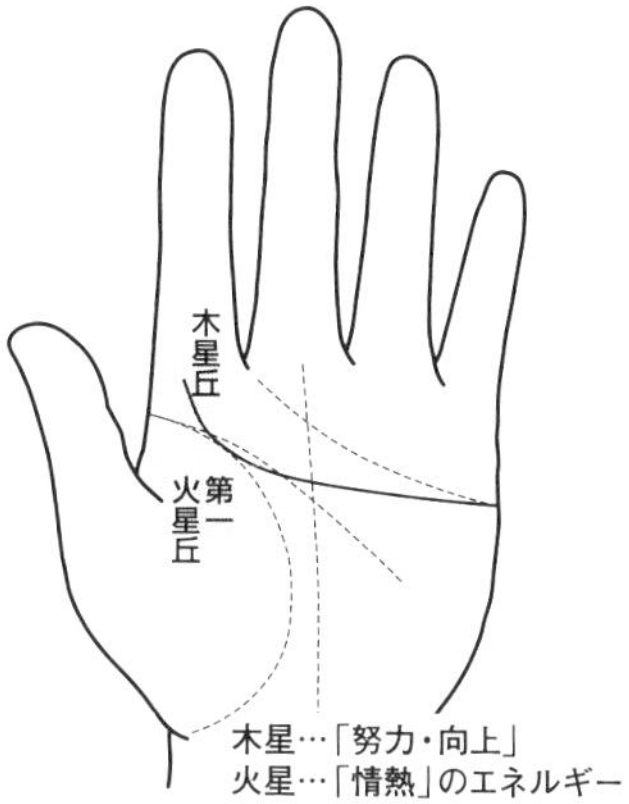
木星丘
第一火星丘
木星…「努力・向上」
火星…「情熱」のエネルギー

図13 ● 感情線が「木星丘」と「第一火星丘」に引っ張られて伸びたケース

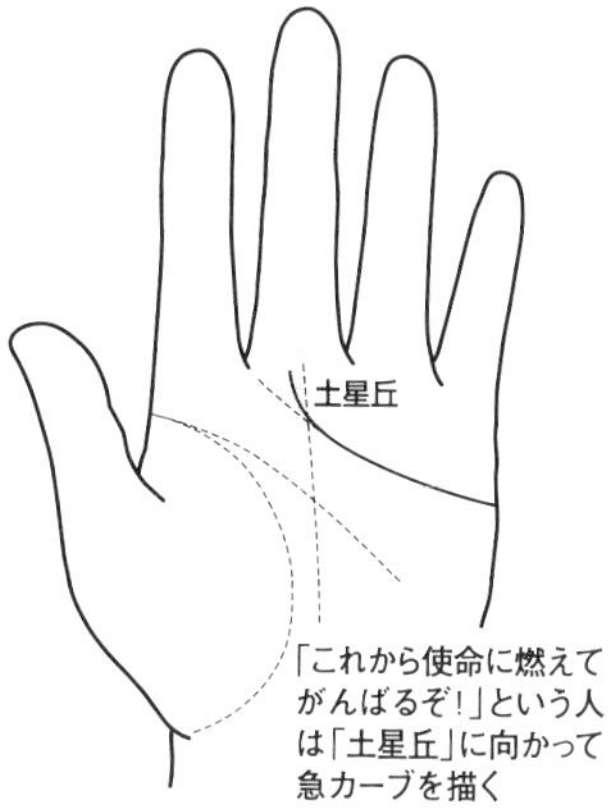
土星丘
「これから使命に燃えてがんばるぞ！」という人は「土星丘」に向かって急カーブを描く

図14 ● 感情線が「土星丘」に向かって急カーブを描いているケース

うな変化が起きるのです。

図13は、感情線が「木星丘」と「第一火星丘」にぐんぐん引っ張られて、伸びた人のケースです。

火星は「情熱」で、木星は「努力・向上」です。

ですからその人に、情熱が出てきて、何ごとに対してもがんばるぞ、という意欲向上の心が芽生えてきて、さらに、その気持ちが維持できるようになってくると、「木星丘」と「第一火星丘」に向かって、感情線がぐんぐん伸びていくのです。

図14についてですが、これは、感情線

の先端が「土星丘《どせいきゅう》」に向かって急カーブを描いている人のものです。

土星は「忍耐、持久力」を意味していますから、「生きていくんだ！　これからやるんだ！」と思って心のチャンネルが入ると、土星丘に向かって急カーブを描くようになるのです。

〈運命線〉…運命全般の変化

その人の運命を表し、人生全般に関わりを持つ線で、生命線同様、大変重要な線です。

「冥王星国」から「土星丘」に伸びている運命線（図15のA）、「月丘」から「土星丘」に伸びている運命線（図15のB）、「金星丘」から「土星丘」に伸びている運命線（図15のC）などです。

運命が人それぞれ異なるように、運命線も人によって実に千差万別です。

図15をご覧いただくとお分かりになりますが、他の3本の基本線（生命線、知能

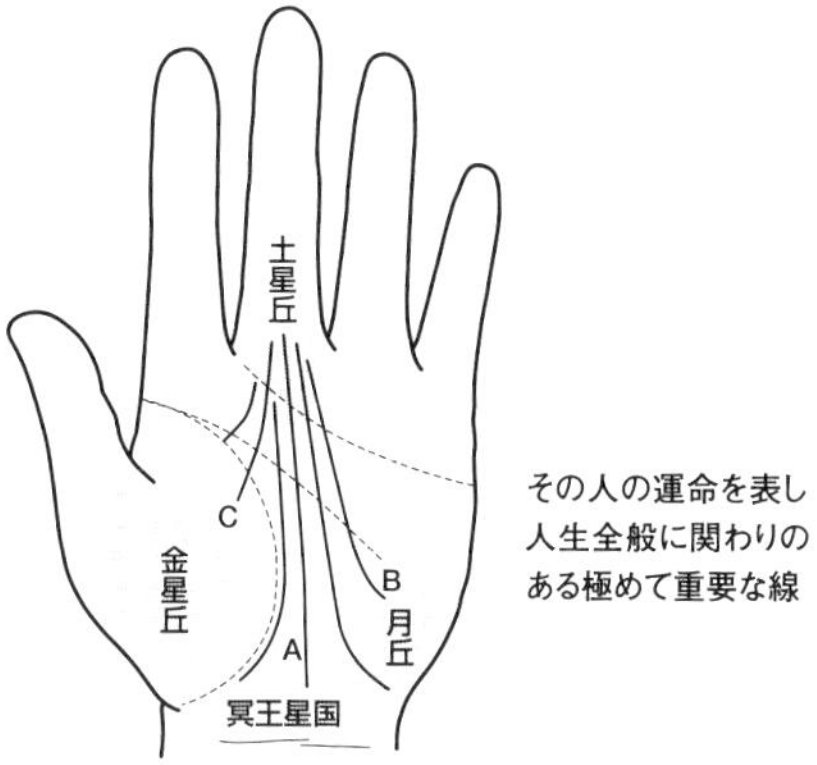

図15 ● さまざまな運命線

線、感情線）との大きな違いは、始点の位置がいろいろあるということです。

手のひらの中央を縦に走り、中指のつけ根の土星丘の方に向かっていく線は、すべて運命線です。

土星丘は、土星の持つ「思慮《しりょ》深さ・忍《にん》耐《たい》・持久力」というエネルギーが蓄積されているところです。その土星丘に向っていく運命線の意味をひと言でいえば、**自己実現度のバロメーター**ということになるでしょう。

なお、生き方によって運命が変わるように、運命線も変化の激しい線です。

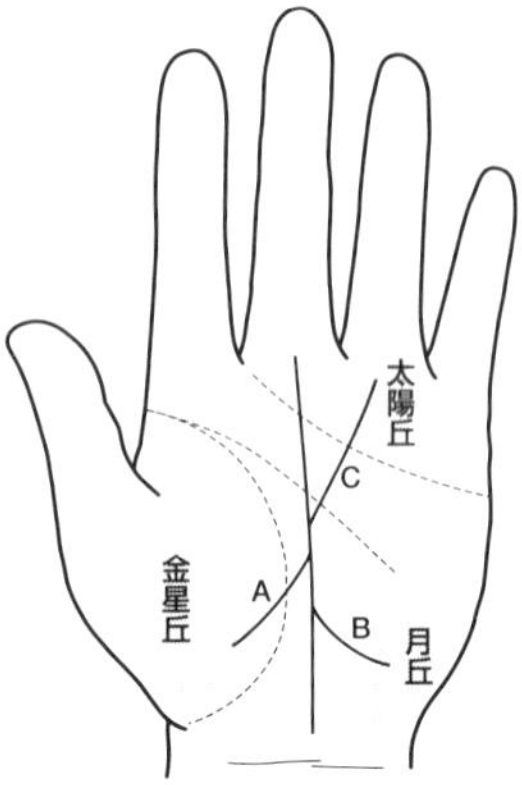

図16 ◎ 運命線から出る支線がどの丘に向かっているかによって受ける星のエネルギーの違いが分かる

たとえば、図16をご覧ください。

A線は金星丘（身内からの援助）の影響、B線は月丘（他人からの援助）の影響、C線は太陽丘（太陽のような発展力、パワー、恵み、成功など）の影響というように、運命線から支線が出ていますが、星の波動や恵みを受けると、その丘に向かって、支線が伸びてくるのです。

すると、その時点から、その星のエネルギーや恵みを強く受ける人生になっていきます。

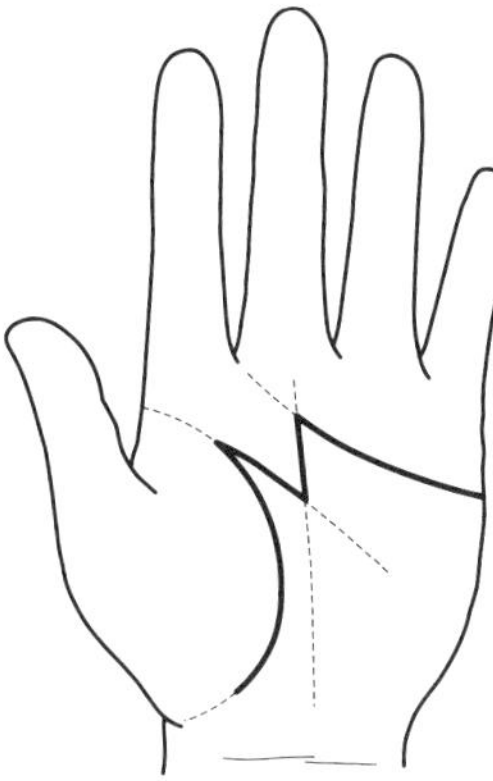

図17 ● M字の法則

◆運勢のバランスを知る「M字の法則」

「M字の法則」については、前著『なんでこんなにあたるのか！ 手相術の神秘』のなかで、**「自分の手のひらの真ん中に、生命線、感情線、知能線、運命線の4本の基本線で、きれいなM字が形成されていたら、幸せが約束されていますから、自分に自信をもってがんばってください」**と書きましたが、図17のように、4本の基本線が手のひらの中央にM字を作っていれば、その人はバランスの取れたオールマイティな運勢の持ち主だ、ということです。

生き方次第では、爆発的に運勢がよくなる人です。

しかし、**いま現在M字ができていても、油断《ゆだん》して努力を怠《おこた》ると、形がだんだん崩れることもありますから、今まで以上に努力を続けていくことが大切です。**

なお、M字が崩れていたり、まったくM字になっていない人は、どこかバランスの悪い人生を歩んでしまうおそれがありますから、どの線が原因でM字ができていないのかをよく見定めて、きれいなM字ができるように、その線を補う努力を早速始めていただきたいと思います。

◈手のひらを縦半分に割って考える

次に、手のひらを半分に分けて見てみましょう。

中指の真ん中から真っ直ぐ手首のほうに降ろして、ちょうど手のひらを左右に分

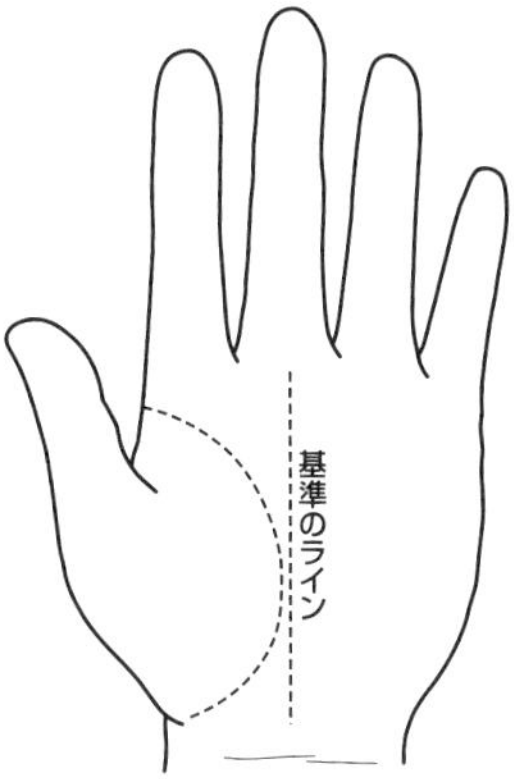

図18 ● 生命線が張り出しているかどうかを判断する基準のライン

けるようなライン（図18）を引いてみてください。頭の中でイメージするだけでもかまいませんが、実際にペンで線を引いてみると、分かりやすいと思います。

そのとき、皆さんの生命線は、そのラインの内側に納まっているでしょうか。それとも、線をはみ出して外側に張り出しているでしょうか？

実はこの方法が、最も簡単、かつ、スピーディーに、自分の生命力や生命エネルギーの強弱を判定する方法なのです。

図19のAのように、手のひらの真ん中に引いたラインに生命線がかかっている

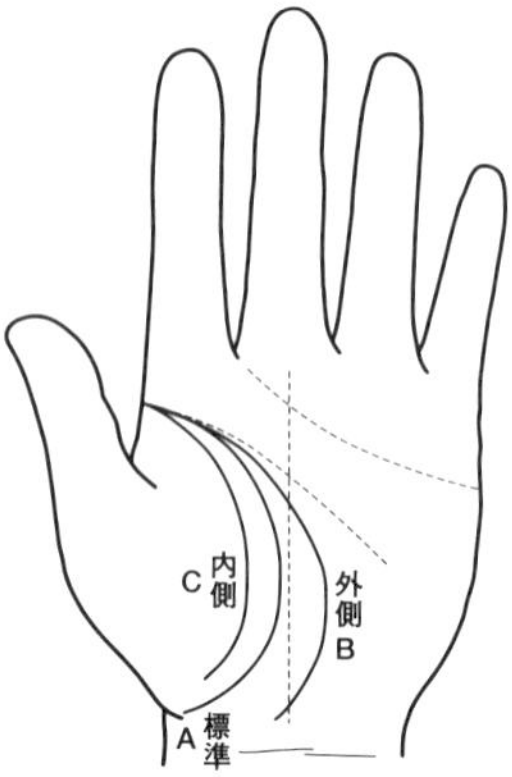

図19 ● 生命線の分類

方は標準タイプで、ごく普通の体力・生命力の持ち主であるといえます。このラインの外側（小指側）がプラス、内側（親指側）をマイナスと考えます。

図19のBのように、ラインを超えて生命線が大きく張り出している方は、体力に恵まれた持続力のある人で、エネルギッシュにどんなことでもバリバリとこなせます。

生命線が外に大きく張り出している人は、火星平原に強く引っ張られている人です。火星平原も生命力を表しますから、生命線が外に大きく張り出している人は、エネルギーに満ちあふれ、生命力、体力のある人となるのですが、そのことについては、前項の《生命線》（図7のA）で説明したとおりです。

逆に、図19のCのように、生命線に勢いがなく、ラインに到達していない人はエネルギー不足の傾向にあります。

ところで、生命線が途中で途切れている方もいます。

これを気にしている方が結構多いのですが、必ずしも悪い意味ばかりではありません。これも「外側→プラス」、「内側→マイナス」という法則を当てはめて解釈いたします。

図20のAのように、切れた線を補うように、外側から新しい線が伸びていればプラスの意味です。何らかの理由で一時的にエネルギーが途切れるような状態になりますが、必ずそれを乗り越えるいいことが起こり、前よりも二倍三倍と体力がつくことを表しています。

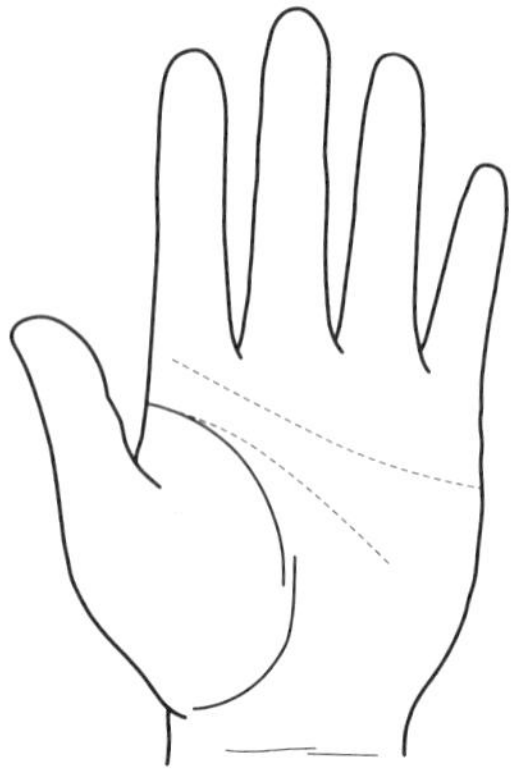

図20-A ● 生命線のラインの外側からつながっている

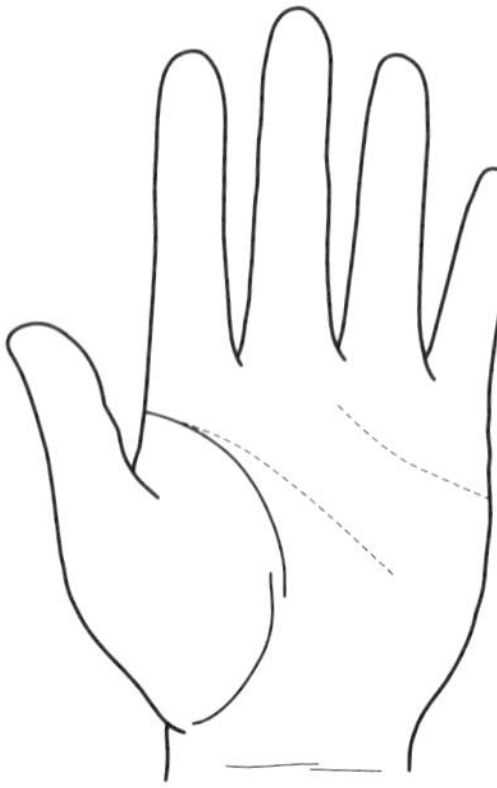

図20-B ● 生命線のラインの内側からつながっている

逆に、図20のBのように、新しい線が内側からつながっている場合は、何らかのできごとによって、以前より元気の出せない状態になる可能性を示しているので、健康には十分に気をつける必要があるでしょう。

◆キミはひょっとして宇宙人？

私は前著で、「『生命線は肉体』を意味し、『知能線は頭脳』を意味する」と書きました。

また、「知能線の出発点」についても、

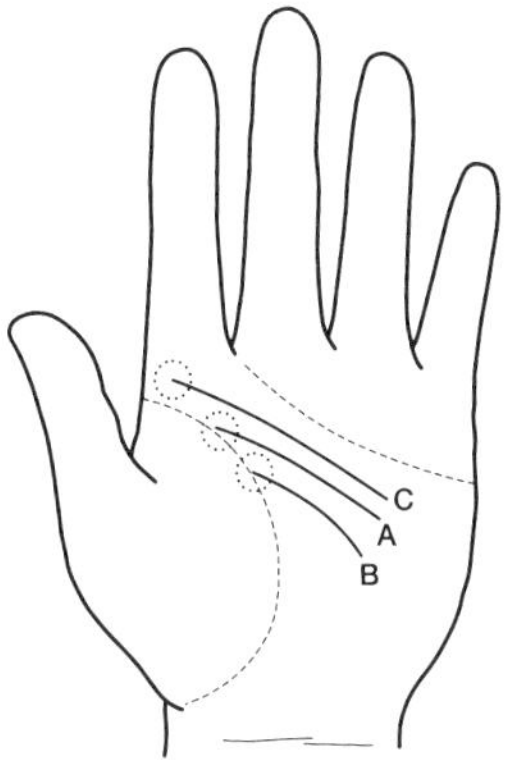

図21 ● 知能線の出発点

「生命線とピッタリとくっついている標準タイプ」（図21のA）、「生命線の途中から出ているタイプ」（図21のB）、「生命線と知能線の起点が離れているタイプ」（図21のC）の3パターンをご紹介いたしましたが、今回は「生命線と知能線の起点が離れているタイプ」について、新たにハッキリしてきたことがありますので、そのことについて述べてみたいと思います。

「生命線と知能線の起点が離れているタイプ」の人とは、簡単に言えば、「肉体」と「頭脳」が離れている人のことですから、現実にあまりとらわれず、大胆な発想をするところがあります。また、起点が5ミリ以上離れている人は、ものすごいことをひらめいたり、行動に移したりもします。

それは、発想が他の人よりも抜きん出ているからなのですが、周りの人はそれについていけず、残念ながら、「変わった人」「不思議な人」と勘違いされてしまう傾向があります。

つまり、「生命線と知能線の起点が離れている」ということは、「頭脳が肉体から離れて宙に浮いている」ということです。

そこで私は、そういう人のことを、愛情を込めて「宇宙人」と名づけているのです。

宇宙人ですから、プカプカと宙に浮いているイメージがあります。

先ほど「発想が他の人よりも抜きん出ているから、周りの人はそれについていけず、変わった人、不思議な人と勘違いされてしまう傾向がある」といいましたが、そういう人は、どことなく宙に浮いた存在になりがちです。

◈宇宙人ってどんな人?

ここでもう一度、知能線の出発点を復習しながら、宇宙人の人たちの特徴を見ていくことにしましょう。

図21をご覧ください。

図21のAのように、生命線と知能線の始点が重なっているのが、約八割の方に現れている最も一般的な形です。

先述したとおり、生命線は肉体を意味し、知能線は頭脳を現します。

図21のAは、頭と体がくっついている状態ですから、こういう手相の方は、社会の一般常識に沿った考え方をする人です。

次に図21のBですが、生命線の途中から知能線が出ているタイプは、標準よりも頭が体に寄り添っている形ですから、物事を慎重に考えて、なかなか行動に踏み切れないところがあります。

しかし、どちらかというと、物事に消極的で、取り越し苦労をしやすい傾向があります。こういう手相の方は、十人に一人ぐらいの割合です。

最後に図21のCタイプ、つまり、私が先ほどから「宇宙人」と名づけている人たちの手相です。

ではなぜ、図21のCのように、知能線の起点が生命線から離れていると宇宙人なのでしょうか。

知能線の起点が生命線から離れているということは、知能線が感性の世界に引っ張られて、ふわふわと宙に浮いている状態にあります。

本来、脳は肉体の一部に収まっていますから、図21のAやBのように、知能線と生命線はくっついているのが普通です。

ところが、宇宙人の人たちの場合は、脳（知能線）が肉体（生命線）から離れて、空中に浮かんでいるような形をしているのです。

だから、現実離れしたような考え方をするといえるでしょう。

一般の手相の本では、知能線の起点が生命線から離れているこのタイプは「外交的な人」「大胆な人」「指導力がある」などと説明していますが、その説明だけでは十分といえません。

先述したように、宇宙人の人たちは小さな頃から、どこか普通の子とは違っていて、常識にとらわれないユニークな発想をしますから、周りの人を驚かせたり、感心させたりするようなことがしばしばあります。

それだけ、**「宇宙人の人には優秀な方が多い」**ともいえるでしょう。

ただし、成長するにしたがって、普通の人とのギャップがウラ目に出てしまったりもしますから、ややもすると、自分に自信をなくして悩むようになるケースも多いようです。

本人は周囲のみんなと同じようにしているつもりなのですが、どこか違ったふうに受け止められてしまうのです。

◈宇宙人が宇宙人として幸せになれる方法

もともと、宇宙人の人たちは明るい人が多いのですが、とても感覚的で、わけもなく急にハイテンションになったり、逆に、突然落ち込んだりします。

脳が肉体を離れて宙に浮いていますから、精神状態も不安定な場合が多いのです。それがために、自分で自分がつかめずに悩んでいる方が結構いますが、これは、知能線が感覚エネルギーに引っ張られているからであり、優秀なエンジンを持っているがゆえの副作用といえるでしょう。

実際、宇宙人の方は非常に素晴らしい才能を持っており、世の中で偉業《いぎょう》を成し遂《と》げている人も少なくありません。

ただし、普通の人とは違う発想をしますから、受け入れられにくい部分があることも事実です。

皆さんご存知のように、「発明王エジソン」は、子供の頃はずっと劣等生でした。

エジソンは「1＋1がどうして2になるのか分からなかった」といわれています。

常識的な発想をそのまま受け入れられず、自分なりに納得する答えが見つからないと気が済まなかったそうです。

もちろん、私はエジソンの手相を見たわけではありませんが、典型的な宇宙人の手相だったに違いありません。

ところで、つい最近も、宇宙人の方を鑑定しました。

Eさんという四十五歳の男性で、職業は外科医です。

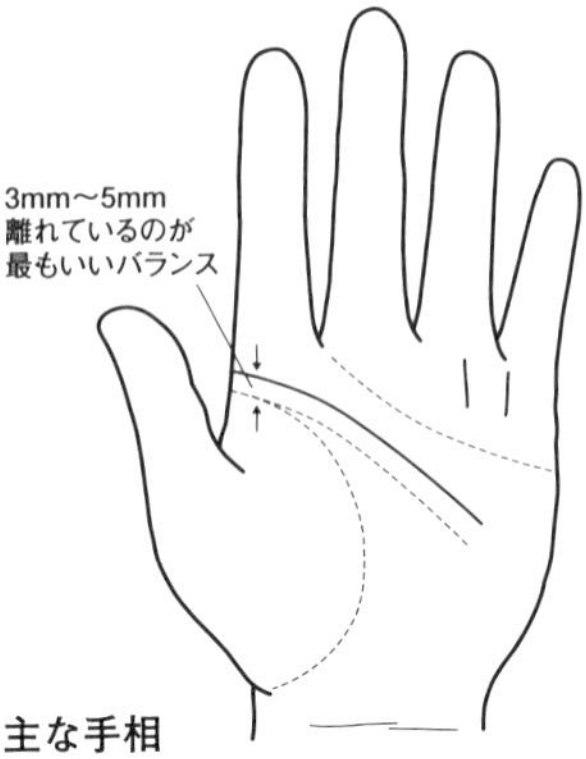
3mm〜5mm
離れているのが
最もいいバランス

図22 ◎ Eさんの主な手相

図22に、Eさんの主な手相を掲載いたしました。
後でも述べますが、Eさんは生命線と知能線の起点が5ミリ離れています。この「3ミリ〜5ミリ離れている」というのが、最もいいバランスです。

なおEさんには、ほかの大きな特徴として、薬指の下の小指寄りの部分に、二本並んで細くて短い縦線が出ていました。

私はこの線の入っている人をときどき見かけますが、この線が出ている方は、とても優秀な方が多いのです。

薬指と小指の間に刻まれている細くて短い縦線が数本入っている人は、医師の方をはじめ、大学教授や会社重役の方など、社会的成功と、ある程度の地位と名誉を持っている方が多いといえるでしょう。

とにかくEさんには、このような素晴らしい線がしっかり入っているのですが、生命線と知能線の起点が離れているので、性格そのものは宇宙人です。

Eさんに、先ほど述べた宇宙人特有の性格をご説明すると、とても納得されていました。

実はEさん、この時、あることで悩んでいたのですが、私は、「『自分は絶対にできるんだ！』と、自分に自信をもってがんばってくださいね」とアドバイスしました。

というのは、宇宙人の方は自信をなくしてしまうと、すべての機能がストップしてしまうからです。

別に周囲を見下す必要はありませんが、自分の中ではいつも「自分が一番なんだ！」という、いい意味で自分に自信をもつことがとても大切だといえるでしょう。

ところで、知能線の起点が生命線から離れている長さですが、Eさんのように、生命線と知能線の起点が、3ミリ～5ミリ離れているのが最もいいバランスです。

また、宇宙人特有のこの線は、遺伝的要素もあって、親が宇宙人の手相を持っている場合、お子さんも同じ手相の持ち主であることが多いようです。

鑑定を受ける方の置かれた条件や、現在の状態によって、具体的なアドバイスはすべて異なりますが、宇宙人の方へのアドバイスは、だいたい以下のようになるのではないでしょうか。

【宇宙人の方へのアドバイス】

①自分に自信を持つこと

先ほどもご説明しましたように、宇宙人の方は能力が高い反面、精神的に不安定なところがあり、自信をなくすと、すべての機能が停止してしまいます。

ですから、とにかく自分に自信を持つことがとても大切です。

周囲の人との違いを気にして萎縮《いしゅく》してしまう傾向もありますが、感覚が勝《まさ》っている分、よけいに気にするのかもしれません。

また、大きな舞台で活躍することを目指し、若い方であれば、世界を視野に入れて、語学やパソコンのスキルを身につけることをお勧めしています。

というのは、宇宙人の人たちは、日本一ではなく、世界一を目指すと、よりいっそう高い能力を発揮する人が大変多いからです。

②ビジョンに訴えて願望成就《じょうじゅ》力を引き出す

宇宙人の方の特徴は、優れた能力があることに加えて、強力な願望成就力を持っているということです。

特にビジョンに訴えると、その力はドンドン引き出されていきます。

いわゆる潜在意識活用法がピッタリとツボにはまるタイプですから、具体的な目標を紙に書いて、目につく場所に貼ったり、その願望が叶《かな》った状態をイメージしたりすることをお勧めしています。

③常に素晴らしい環境に身を置くこと

感覚がとても敏感なので、周囲の環境の影響を受けやすいのも宇宙人の方の特徴です。

ですから、ネガティブなものに引きずられやすい反面、素晴らしいものに触れれば、たちまち感応して、自分の中に新しくて素晴らしい世界が、ドンドン広がっていきます。

そういうことから鑑《かんが》みて、できるだけ素晴らしい人とおつき合いし、身につけるものや場所などにも、すがすがしく感じられるものを選ぶようアドバイスしています。

④音読で能力開発

音読の効用が大きく注目されています。

もちろん、一般の方にもお勧めしていますが、特に宇宙人の方は、古典などの素晴らしい文章などを音読すると、普通の人以上に頭が冴《さ》えわたり、必ず聡明になっていきます。

毎日、五分でも十分でも結構ですから、音読を習慣にするようお勧めしています。

なお、音読については、『「音読」すれば頭がよくなる』（川島隆太著／TTJ・たちばな出版）などが、とても参考になります。

⑤メモを取ることを習慣にする

ヒラメキや直感に優れ、素晴らしいアイデアがどんどん湧いてくるのが宇宙人の方たちの大きな特徴ですが、その反面、記憶力が弱いという弱点もあります。

特に女性の場合は、通常、男性より感覚的ですから、話しているそばから自分が言ったことを忘れている人もいるくらいです。

ですから、とくに大事なことは、必ずメモを取る習慣を身につける、ということです。

また、物事の優先順位がバラバラになる傾向もありますから、一呼吸置いて、整理してから考える時間を持つことを心がけましょう。

⑥「報告・連絡・相談」をマメにしよう

周囲とのギャップを埋《う》めていくためには、自分の考えていることをどんどん表現していくことです。

「言わなくても周りは分かってくれている」と思ってしまうのですが、残念ながら、宇宙人の方の考えていることは、周囲にまったく伝わっていません。

だから、「突拍子もないことをする人だ」という評価になってしまうのです。

報告・連絡・相談をマメにして、周囲に理解を求めていく努力が必要です。

◈自分自身を知ることが出発点

今回、「生命線と知能線の起点が離れている宇宙人タイプ」の人について、かなり突っ込んで説明いたしました。

もしも、皆さんの近くに、「生命線と知能線の起点が離れている宇宙人タイプ」の人がいたら、先ほど述べたことをお話ししてみてはいかがでしょうか。

きっと、あまりに当たっているので、ビックリされることでしょう。

さてこの章の終わりに、「**実際に鑑定するときには、人それぞれの性格における大きな特徴を重点的に見ていくことが大切なポイントだ**」ということをお話しいたします。

というのは、ほかの人と違うところに、その人の個性なり特徴なり、性格の傾向等が現れているからです。

そして、ほぼ百パーセント、その方の長所と短所は、実は「表裏一体」となっているのです。

性格的な傾向が端的に現れるのは「感情線」です。

もちろん感情線についても、「どの丘に向かって伸びているのか」「急カーブなのか、それとも直線タイプなのか」「一本のきれいな感情線なのか、それとも、入り乱れた感情線になっているのか」など、見るべきポイントはたくさんありますが、「感情線が長いのか、短いのか」というのが、最も基本的な見方でしょう。

感情線が長ければ、それだけ情熱が長続きする性格であることを意味しますし、短ければ、性格的にはとてもアッサリしています。標準となるのは、人差し指と中指の間で、図23のように、そこから真っ直ぐに降ろした線のあたりで終わっていれば、標準タイプといえます。

図24のように、真っ直ぐで長い感情線の持ち主は、いったんチャンネルが入った

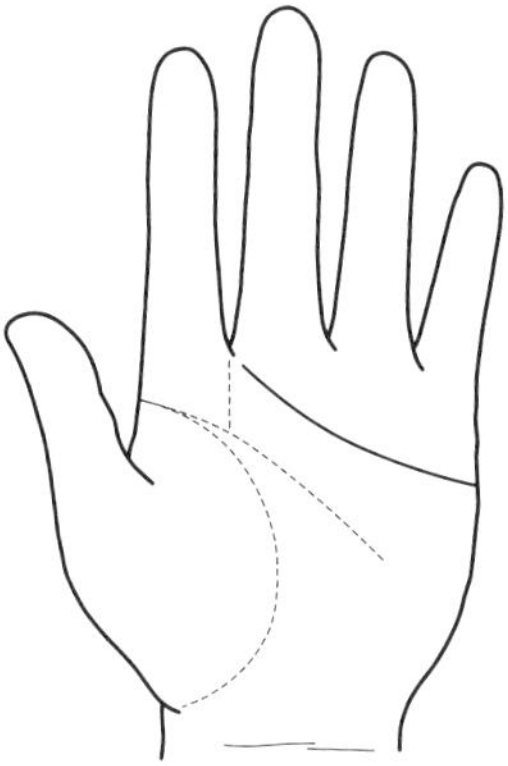

図23 ● 標準的な感情線

ら、どこまでも突き進んでいくタイプで、悪くすると、ストーカーのようになってしまう傾向があります。

しかし、持久力に優れ、粘り強く一つのことをやり遂げますから、たとえば、何かの研究者などになれば、この方の持ち味はいかんなく発揮されるでしょう。

ただし、その場合は、テーマがとても重要になります。

こういう手相の方は、先ほどもいいましたように、自分が興味のあることにはチャンネルが入り、とことん打ち込みますが、気の向かないことには、まったく

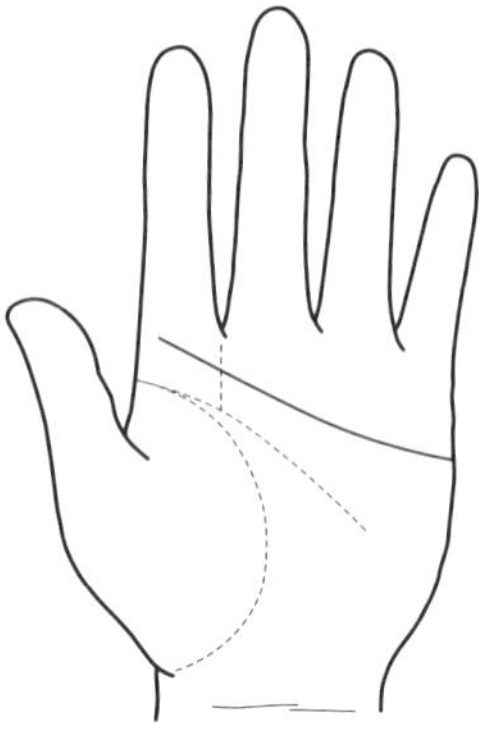

図24 ● 長い感情線

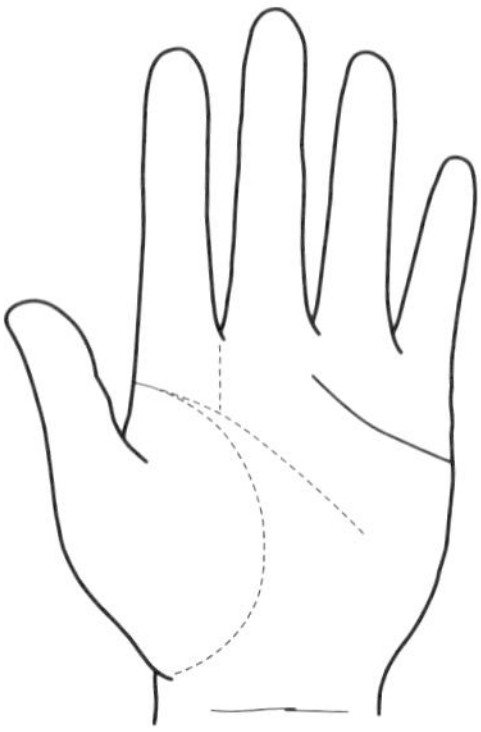

図25 ● 短い感情線

興味も関心も示しません。

一方、図25のように、感情線の短い人は、とてもサッパリしています。あまりくよくよ悩んだりしませんから、行動力や実行力に優れていますが、その反面、情熱は長続きしないタイプといえるでしょう。いわゆる、熱しやすく冷めやすいタイプということになります。

いまご説明したのは、ほんの一例ですが、性格的な傾向というのは、すべて表裏一体です。

たとえばの話ですが、トマトとメロンとでは、どちらが優れていて、どちらが劣っているということは、一概にはいえないと思うのです。

トマトをシチューに入れておいしく煮込めば、メロンにはない持ち味を発揮しますし、最近では、トマトとは思えないほどジューシーで、果物のように甘いトマトもあります。

要するに、何がいいたいかと申しますと、**「自分の性格に合った生き方をすることがとても大切だ」**ということです。

ところが、自分のことは自分が一番よく知っていると思いがちですが、本当はそのまったく逆で、**自分のことを一番知らないのは自分**なのです。

ですから私は、**「その人の性格を、まず初めにご説明する」**ようにしているのです。

手相を通して自分自身のことが分かれば、個性を生かしながら、より素晴らしい人生を切り開いていくことができます。

これについては、一冊目、二冊目の本で詳しく説明していますので、ぜひ併せてお読みいただきたいと思います。

なお、用意されている人生のシナリオは、一人ひとり、みな違います。比較的平穏に一生を過ごす方もいれば、波瀾万丈《はらんばんじょう》の道をたどる人もいます。一生懸命がんばって生きていても、ある日突然、障害にぶつかることもあります。手相に現れた人生のシナリオを読み取り、自分自身の性格がよく分かったうえで、さらに素晴らしいストーリーに書き変えていくことが何よりも大切だといえるでしょう。

次の章から、皆さんと一緒にその詳細を見ていくことにいたしましょう。

第2章

いま明かされる「手相の育て方」

◈運命のシナリオを読み解く手相術の神秘

この章では、

●手相に現れる人生のシナリオをどう読み取っていくのか

●手相に現れている「いい線」とは何で、さらに、その「いい線」を育てることによって、人生のシナリオをよりいっそう素晴らしくしていくには、どうしたらいいのか

ということを中心に話を進めていきたいと思いますが、その前に、まず皆さんに知っておいていただきたいことがあります。

それは、「手相鑑定は何のために受けるのか」ということです。

結論を申し上げますと、手相鑑定を受けることによって、

「昔ながらの悪い自分があるならば、それをどう改善していけばいいのか」
「自分のいいところは何で、それはどう伸ばしていけばいいのか」
ということを知って、自分の人生をよりいっそう素晴らしくしていくための糧《かて》にする、ということです。

言葉を変えれば、「いい点はますます伸ばし、弱点は一つまた一つと改善していけば、人生と運命はドンドン素晴らしく変わっていくので、手相鑑定はそのために活用するものだ」といえるでしょう。

それが「手相鑑定を受ける最も重要な意義」なのです。

ですから、過去や現在はもちろんのこと、これから先のことについても、ただ単に、「○歳のときにこんなことがありましたね」とか、「□年後に、こうなる可能性がありますよ」という事実だけを教えてもらっても、それは何の意味もないことになります。

ましてや、「あなたは運の悪い人間ですよ」とか「大病を患《わずら》うかもしれませんね」と悪いことを言われた場合、その具体的な解決方法を何も教えてくれないとするならば、それは鑑定を受けないほうがよかった、ということになります。

ですから、いいことが起きる可能性も、悪いことが起きてしまう可能性も、それは何が原因で、どうすれば改善できるのか、どうすればもっとよくなるのか、という対策案までを提示してあげなければならないのです。

そのためには、「**鑑定を受ける方が、どうか幸せになりますように**」という願いを込めて鑑定することが必要になりますし、「どうかこの方が、希望を持って生きていけますように」という気持ちを込めながらアドバイスすることが大前提になってくることはいうまでもありません。

ところで鑑定では、たとえば、「あなたは十九歳のときに大恋愛したでしょう」と、ピタリ指摘されて、驚いたことのある人も多いと思いますが、これは「流年法《りゅうねんほう》」を使って見ています。

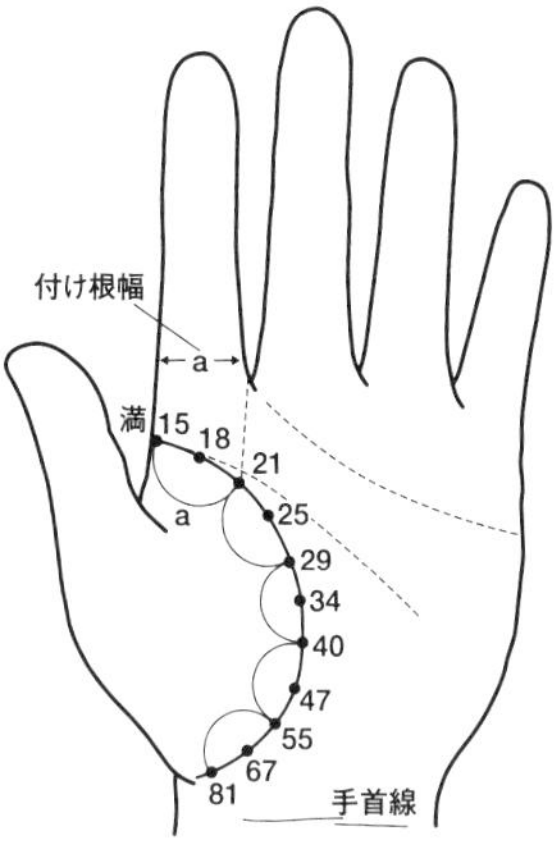

図26 ● 生命線の流年（年齢の刻み）法

【生命線の流年法】

図26をご覧ください。

これは「生命線の流年」をおおまかに示したものです。

前にも申し上げたように、生命線にはその人の一生が刻まれています。

ですから、この流年法が頭に入っていれば、その人の一生のうち、過去はもちろんのこと、これから先に起きるであろう未来のできごとも、手に取るように分かってきます。

具体的にいえば、「二十七歳の五カ月」というように、○歳だけではなく、□カ月まで、正確に読み取ることができるのです。

これは恐ろしいくらいに正確です。

ただし、流年法の正確な読み方を限られた紙幅で理解するのは難しいですから、詳細は割愛いたしますが、いま現在の自分からみて、過去なのか、現在なのか、未来なのかということが分かるだけでも、大きなことだといえるでしょう。

【運命線の流年法】

流年法は生命線だけでなく運命線でも見ます。

運命線は、人生上のさまざまなできごとを端的に教えてくれますが、それだけに、人によっては出方にかなりの違いがあり、鑑定が難しい線でもあります。

図27は、運命線の流年法のベースとなるものです。

この図のように、真っ直ぐな運命線が伸びている方はあまりいないと思いますが、ここでは、だいたいの目安を覚えていただけば結構かと思います。

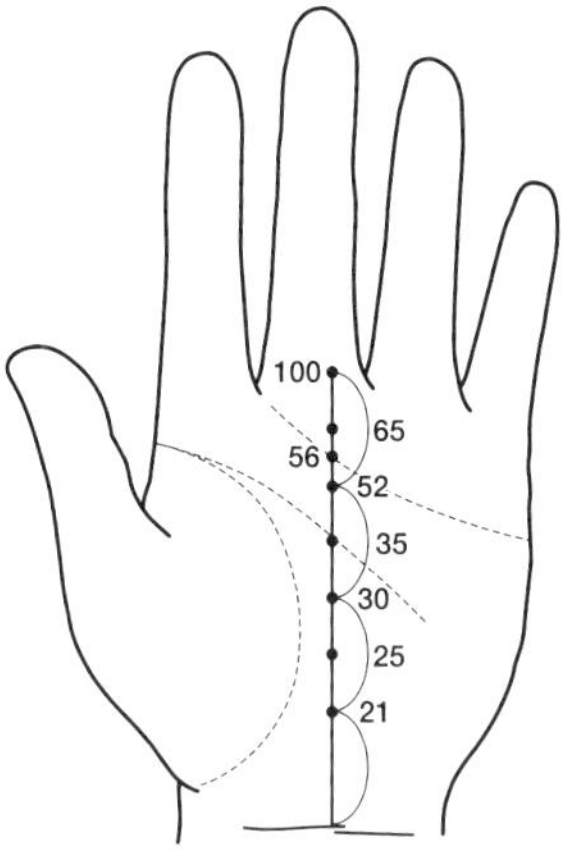

図27 ◎ 運命線の流年法（基本型）

◈幸せの星を見つけよう！

流年法と組み合わせていくことによって、「いつ、どんなことが起きたのか」、あるいは、「これから先、どんな状況になっていくのか」ということが手に取るように分かる、と先ほどいいましたが、**「手相には純度がある」**ということも、ぜひここで知っておいていただきたいと思います。

そして、いい印、悪い印の両方ともに純度があり、基本的には、「太い線、濃い線、長い線は、その印の意味を強める」ものと解釈します。

逆に、「細い線、薄い線、短い線は純度が低く、あまり大きな影響を現さないこともある」ということです。

ただしこの純度は、時間の経過とともに、著しく変化します。

私はいままでに、「手相は必ず変わる」と何度も申し上げてきましたが、表現を変えれば、それは「線の純度が変化していく」ということでもあります。

ですから、せっかくいい印が出ていても、油断して怠けたり、鼻持ちならない傲慢《ごうまん》な日々を送ってしまったりすると、いい線が薄くなったり、場合によっては、消えてしまうこともあります。

もちろん、本人の心がけと努力によって、いい線の純度はどんどん高くなっていきます。

私はそのことを「**手相が育つ**」と表現しています。

手相は、本人が性格や生き方を変えると、「どんどん素晴らしく育っていく」のです。

ですから、**積極的に手相を育てていくことが何よりも大切ですし、そうやって運命を切り開き、あらかじめ用意されていた人生のシナリオを、さらに素晴らしく書き変えていくことが、人生の大きなテーマ**だといえるでしょう。

では、いい印から早速見ていきましょう。

まず、自分のなかに「いい印」をぜひ見つけてください。

ほんの少しでも、「いい線かな?」と思う線が出ていたら、必ずチェックしていただきたいと思います。

詳しくは後ほど説明いたしますが、それが手相を育てていくための重要なポイントになります。

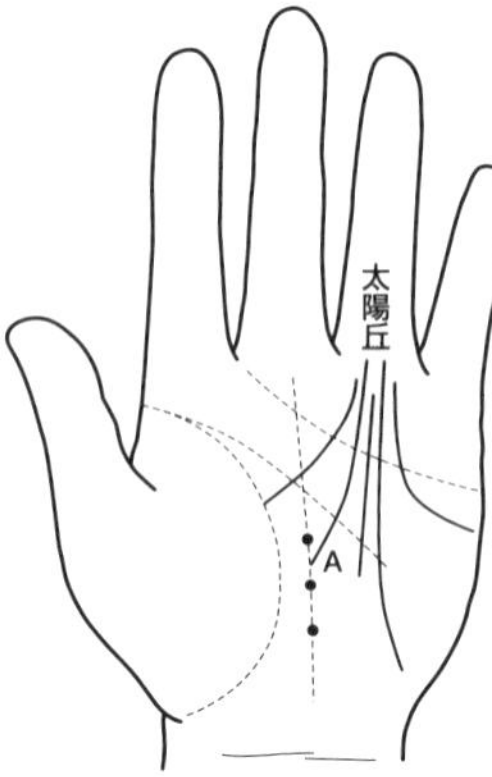

図28 ● 太陽線

●太陽線その1「最高の太陽線」

手のひらに現れる吉兆を示す線のなかで、まず皆さんにご紹介したいのは、何といっても「太陽線」です。

太陽線は、薬指のつけ根の太陽丘に向かって伸びている縦線で、その名の通り、「太陽のような発展的パワー」を象徴しています（図28）。

成功・人気・金運に大変関わりが深く、その人が社会的に成功するかどうかは、太陽線のあるなしにかかっている、といっても過言ではありません。

もちろん、太陽線にもいくつかのパター

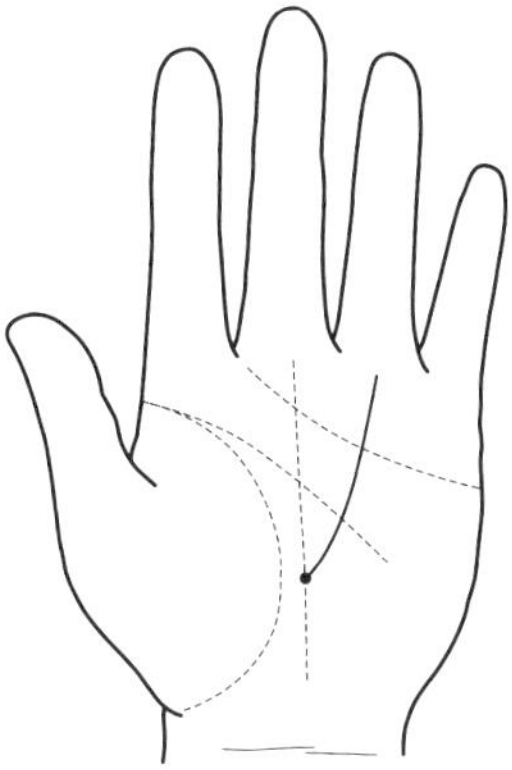

図29 ● 運命線から伸びる最高の太陽線

ンがありますが、特に素晴らしいのは、図29のように、運命線から太陽丘に向かってきれいにスーッと伸びている線で、私はこの線のことを**「最高の太陽線」**と呼んでいます。

この「最高の太陽線」については、『なんでこんなにあたるのか！ 手相術の神秘』の第2章で「いま明かされる最高の太陽線」として、その詳細をご紹介いたしました。

この本も、『手相が教えるあなたの開運期』と同様、出版後に大きな反響がありましたが、なかでも、「太陽線」については、

「私にも太陽線があるかどうか、ぜひ鑑定してください」

「私のこの太陽線は、最高の太陽線でしょうか」

「私には太陽線がないのですが、どうしたら太陽線が出てくるのでしょうか」

といった問い合わせが、多数寄せられました。

大きな反響に驚くとともに、多くの皆さんが、太陽線に大変興味をお持ちであることを改めて知りました。

ですから、今回の本では、まず「太陽線」からご紹介したいと思ったのです。

しかし今回、私が本当にお伝えしたいのは、**「後天《こうてん》の努力で作り出される太陽線」**のほうです。

というのは、「最高の太陽線」は、誰にでも入っている線ではないからです。

「最高の太陽線」は、非常に強い運勢を持って生まれてきた人にしか出ていない線で、おそらく、この線を持っている人は、百人鑑定して一人いるかいないかでしょう。

なかでも、左右両手に「最高の太陽線」が出ている人は、千人鑑定して一人いるかいないか、というくらいにスゴイ線です。

ではなぜ、「最高の太陽線は、強い運勢を持って生まれてきた人にしか出ていない」のかといいますと、それは、その人の前世《ぜんせ》の徳分《とくぶん》に大きく関わっているからです。

つまり前世において、たくさんの人を救ったり、世のため人のために尽くしたり、自分を一生懸命に磨いたりした人は、あふれるばかりの徳分を持って生まれてきますから、素晴らしい才能や環境に恵まれている、といえるでしょう。

最高の太陽線を持っている人は、ある程度、どんな願いごとでも、自分が願った通りに実現します。しかも、「なんだか知らないけど、気がついたらうまくいっていた」というように、物事がいいようにいいようにと進んでいくのです。

ですから、どんな方面に進んでも、志《こころざし》次第で、大きな成功を得る人が多く、特に、女性でこの最高の太陽線を持っている人は、結婚を望めば、玉の輿《こし》に乗ることも十分に可能です。

つまり、最高の太陽線の持ち主は、「自分が願ったことは、ほぼ百パーセント思い通りに叶《かな》う人」なのです。しかも、たとえ強く願わなくても、何となく「こうなったらいいなあ」と思うことでも実現化いたします。家庭環境にも恵まれて、伸び伸びと育っている方が多いのも大きな特徴です。

第4章で、徳分《とくぶん》や前世《ぜんせ》のことはもう一度ご説明いたしますが、まずその違いをハッキリと知っておく必要があるでしょう。

ですから、生まれながらにして運勢がいいとか、なんとなく運勢がイマイチだなあというような違いは、どうしても出てきてしまうのです。

第1章で「手相は星の波動を受けている」ということを述べましたが、どの星のパワーをどれくらい受けて生まれてきているのかという根本的なことは、本人の徳分に大きく関わっています。

持って生まれた徳分は、いうなれば、前世で貯金をしてきたものだといえるでしょう。

前世で十分貯金をしてきた人は、生まれながらにして素晴らしい条件に恵まれていて、余裕を持った人生を送ることができます。

それが最高の太陽線を持っている人だということです。

これに対して、徳分の少ない人は、あまり貯金がないということです。

しかし、今世《こんせ》において一生懸命に貯金をしていけば、必ず運勢はよくなっていきます。

そして、最高の太陽線がない人でも、一生懸命に努力を続けていくと、図30のように、薬指の下の太陽丘のあたりに縦の線が出てきます。

実は今回、私が皆さんにお伝えしたい「**後天の努力で作り出される太陽線**」とは、この太陽線のことなのです。

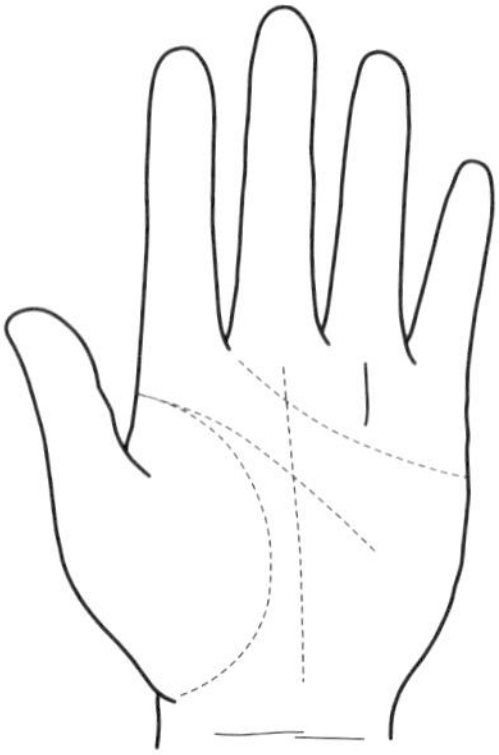

図30 ◉ 後天の努力で出てくる太陽線

●太陽線その2「後天《こうてん》の努力で作り出される太陽線」

図30をご覧ください。

最高の太陽線がない人でも、自分を磨く努力を続けたり、世のため人のために尽くしたりして徳分《とくぶん》を積んでいくと、例えば、図30のような縦線が、太陽丘のあたりに出始めてきます。第1章で紹介したNさんがまさにそうでした。

これが「後天的な努力によって作り出される太陽線」で、実は、**この線が出てくることが非常に重要**なのです。

実は、手相とは、「先天《せんてん》的に手のひらに刻

まれているもの」と「オギャーと生まれて以降、本人の努力によって出てきた線、濃くなった線、長くなった線がある」ということについては、第1章でお話ししたとおりですが、なかなか一般の手相の本には、そういうことまでは言及されていないようです。

ですから、いい線があれば喜び、悪い意味の線があると不安になったりする人が多いのですが、努力すれば努力するほど、いい線が濃くなったり、長くなったり、以前はなかった素晴らしい線が出てきたりします。

さらには、悪い意味の線さえも、薄くなったり、短くなったり、まったく別の意味を表すいい線に変わったりもするのです。

以上のことからいえることは、「後天的な努力によって作られる太陽線を、一日でも長く保ち、さらには、その線の意味を強くする日々を送ることが大切だ」ということです。

先ほどもいいましたように、後天的な努力によって作られた太陽線がせっかく出ても、努力をやめると、すぐに線が薄くなったり、短くなったり、最悪の場合は、消えてしまうこともあります。

社会的成功や願望成就を意味する吉兆の線ではありますが、それを現実のものにするためには、さらなる努力を積み重ねていく必要があるのです。

ですから、私はこの線のことを「下積みの太陽線」あるいは、「自転車操業の太陽線」と呼んだりもしています。

人によって、「線の濃淡」「線の長短」などの差はありますが、ある程度、がんばる日々を送っている方には、たいてい、後天的な努力によって作られる太陽線が出ています。

なお、最初に出やすいのが「太陽丘に出る縦線」で、さらに、もっともっと努力を重ねていくと、未来を映す縦線が出てきます。

ですから、自分の手のひらを見て、ぜひこの太陽線を発見していただきたいと思うのです。

私は鑑定するとき、その人の素晴らしい線を見つけると、我がことのようにうれしくなります。

そして、ごくわずかな兆しであっても、一緒に指で押さえながらお伝えするようにしています。

「あっ、よかったですね。ここにうっすらといい線が出ていますよ！」

「えっ？　どれですか」

「ほら、これです」

「……。あっ、ほんとだ！　あるある」

「でしょう。しかも、今日発見したから、このいい線がこれから濃くなっていきますよ」

「ほんとですか！」

「もちろんです。たくさんの人がそうやって、どんどん幸せになっているんですから」

「よかったあ!」

という感じです。

鑑定を受けた人が、来たときの何倍もの笑顔と希望に満ちた表情でお帰りになるのが、私の大きな喜びでもあります。


基本的に、いい線というのは、うっすらと出ていることが多いものです。

しかも、「これからいいことが起きますよ」ということを教えてくれる線は、見えるか見えないかくらいの薄さでしかありません。

本人も、最初は首を傾《かし》げているのですが、じっと目を凝《こ》らしていると、だんだん見えてくるようです。そして、

「ほんとだ。確かにあります!」

と、本人が発見すると、必ず不思議なことが起こります。

いい線にはペンで印をつけて写メールなどで写真を撮っておこう!

それは何かといいますと、**「薄かった線が、だんだん濃く浮かび上がってくる」**ということです。

信じられないかもしれませんが、これは本当です。

ほんの一分か二分の間で、自分の線が変わったという経験者は実に多いのです。

ただし、意識を向けなくなってしまったり、気持ちが鑑定前のように沈んでしまったりすると、線はどんどん薄くなり、家に着いたときには、なくなってしまう人もいます。

ですから私は、**いい線にペンで印をつけて、しかも、写メールで写真を撮っておくように**

勧めています。

確かないい証拠は残すようにして、自分の気持ちを切らさない、ということがとても大切ですし、いい線に意識を向けて、「必ず自分はよくなる！」と信じて、努力を続けていけば、必ず人生は好転していきます。

なお、**まだ十分に育っていない素晴らしい線は、人に言わないようにする必要があります。**自分の胸の中だけに閉まっておいて、大事に育てていくことが大切です。

というのは、手相の線は自分の意識だけでなく、他の人の意識の影響も受けてしまうからです。これは非常に繊細《せんさい》なことですが、すべての人が好意的に受け止めてくれるとは限りません。

「いい線があって、よかったね」と言ってくれても、心の中で、ちょっとでも妬《ねた》むような気持ちがあると、そういう悪い影響も受けてしまいます。

あるいは、「えーっ、そんなの信じられない。気のせいよ」と言われてしまうこともあるでしょう。

そうすると、自分も、「んー。やっぱり気のせいだったのかな」と思ってしまうのです。否定すると、せっかく出かかっていた素晴らしい線も消えてしまいます。

残念ながら、そういう人も何人も見てきました。

後日、もう一度訪ねてこられて、

「先日、せっかく水落さんにいい線を教えていただいたのですが、なくなっちゃいました」

と、意気消沈している人も少なくありません。

ですから、肯定的な意識を向け続けていくことが大切なのです。


図31をご覧ください。

これは、最近鑑定したある男性の手相です。

実は、『なんでこんなにあたるのか！　手相術の神秘』でもご紹介したケースで

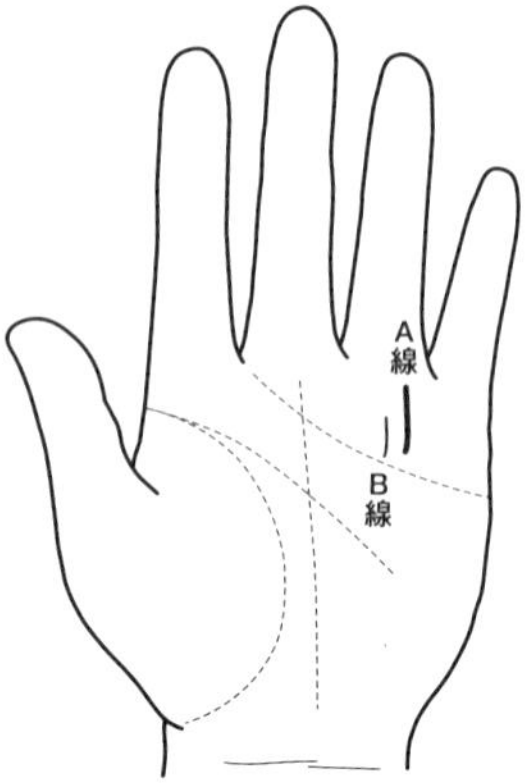

図31 ◎ 太陽線の見分け

すが、とても大切なことを教えてくれるケースなので、今回もご紹介することにした次第です。

太陽線は濃すぎることなく薄すぎることなく、適度な線の濃さできれいにスーッと伸びているものです。ですから、あまりにもハッキリとしている場合は、太陽線ではないこともあります。

イラストでは少し分かりにくいのですが、A線はハッキリし過ぎていて、実はこれは太陽線ではありません。

しかしよく見ると、男性の手には、その横にうっすらとしたB線が出ていました。

かすかではありますが、こちらが「後天の努力によって刻まれた太陽線」です。

後天的な努力を示す太陽線は、努力の度合いも示しますが、その人の心の満足度も現しています。このようにまっすぐ線が伸びていれば、いまの仕事や生活に、ある程度の満足感を持っていると判断できます。

しかし、この方の場合は、まだ出始めたばかりの、ほやほやの太陽線です。

ですから、本人がいままで以上に努力を続けていけば、もう少しハッキリとした線になり、さらには、この線が伸びていくでしょう。

そうご説明すると、その方はじっと自分の手を見ていましたが、しばらくすると、だんだん線が見えてきたようです。

そうやって意識を向けると、いままで隠れていた線が浮かび上がってくることがあります。ですから、太陽線については、目を凝らしてでも、一生懸命に探してみてほしいと思っています。

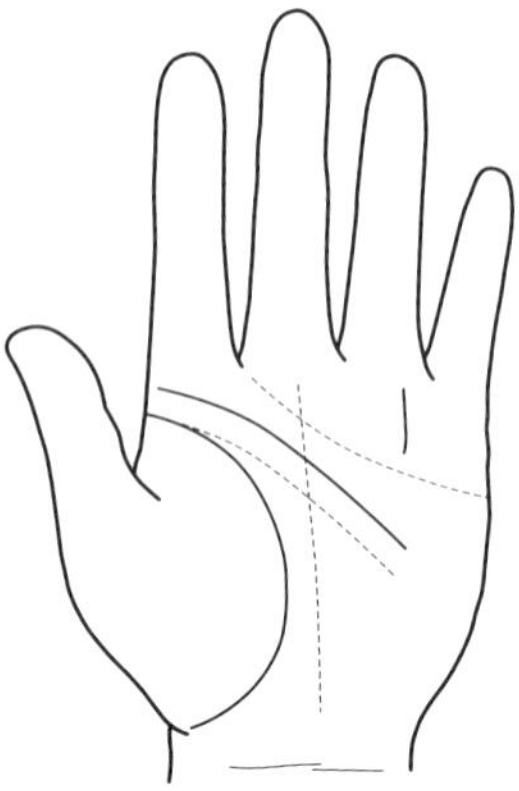

図32 ● 宇宙人の手相を持つ人に太陽線が出ていると、みんなから愛される人になる

いまはまだ見えるか見えないかぐらいに薄い線でも、意識を向けて、さらにがんばって努力を続けていくと、次第に程よい濃さの線になっていきます。

もう一つ、ご紹介しましょう。

図32の手相にも、同じく太陽線が出ていますが、図30とどこが違うか、お分かりになるでしょうか。

そうです。

実は、太陽線が違うのではなく、知能線の始点の位置が違っています。

これだけ生命線と起点が離れています

から、前章でご説明した「宇宙人の方」の手相です。

この方は、三十八歳の女性でしたが、やはり、「宇宙人」の手相を持っていますから、普通の人とは少し違う考え方をするのですが、それがすべて、周りの人から好意的に受け入れられているのです。

普通ならば、「ちょっと変わっているわね、あの人」と思われがちな言動なのに、逆に、「あの人、なんだか魅力的だわね」と、みんなから愛されているのです。

それは、この女性に太陽線が入っているからに他なりません。

それくらい、**太陽線があるということはスゴイこと**なのです。

●開運線

手相に現れる幸福の印は、ほかにもあります。

次にご紹介するのは「開運線」です。

開運線というのは、図33のように、生命線から中指や薬指、小指のほうに向かう

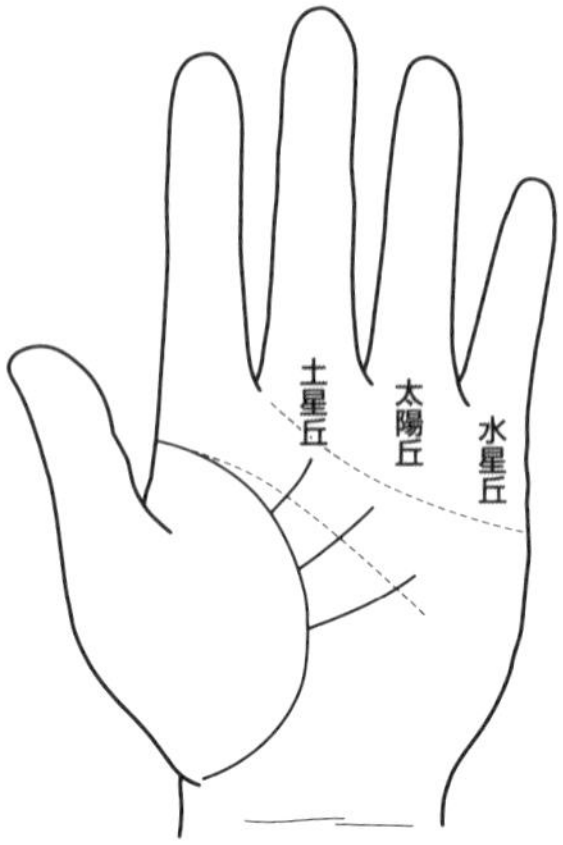
・今まで努力してきたことが評価される
・土星丘、太陽丘、水星丘等に向かう

図33 ◉ 開運線…運勢が大きく開いていく印

縦の線で、名前の通り、「**運勢が大きく開いていく印**」です。

生命線の流年で見ていけば、その人の運勢がいつ好転していくのかがハッキリと分かります。

たとえば、図34のような開運線が出ていたら、その方は三十五歳が大きく人生を変えていく転機となる年だ、ということです。

このように、生命線の流年を取って、現在の自分の年齢よりも若い時期に開運線が出ていたら、その年にいったい何があったのか、ぜひ思い起こしていただき

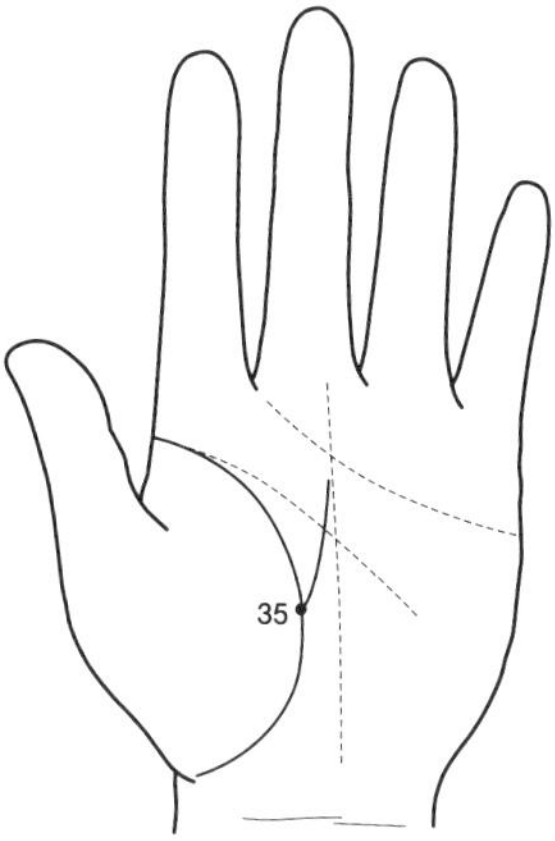

図34 ● 35歳で人生が大きく開くことになる開運線

たいと思います。

たとえば、結婚や出産、就職、転職、あるいは、マイホーム購入など、何か自分の周囲の環境が一変するような、大きな変化があったはずです。

あるいは、精神的に大きく飛躍するような素晴らしいできごとがあったかもしれません。

とにかく開運線は、タナボタ式に幸運がやってくる印ではなく、いままで努力してきたことが報《むく》われる、あるいは、評価される、ということによって、運勢が大きく開いていくことを表すものです。

なお、過去にあったことは「すでに起こったこと」ですから、線が大きく変わることは、まずありません。

しかし、過去の線が変わるスゴイ秘伝もあります。それについては、第3章でご紹介いたします。

さて、未来に出ている開運線ですが、流年で見て、○年後に開運線が出ていたとしても、何の努力もなく幸運が舞い込むという意味ではありません。そもそも、そんなことはありえないことです。

ですから開運線も、後天的な努力によって作られた太陽線と同様、せっかくいい印が出ていても、**本人が安心してしまい、努力をしなくなってしまったら、それこそあっという間に、線が薄くなったり、場合によっては、消えてしまうこともあります。**

そうなってしまっては、何のために手相を見てもらったのか、分からなくなってしまうでしょう。

特に、土星丘に向かう開運線は、運命線の一種というとらえ方もできます。前にも申し上げたように、土星の「思慮深さ・忍耐・持久力」というエネルギーが蓄積されている丘が「土星丘」です。

ですから、流年に出ている**土星丘に向かう「開運線」の示す開運期というのは、それまで積み上げてきた努力が実り、花開く時期だといえるのです。**

流年で見て開運の時期が分かったら、それまでに自分が何をしなければならないのか、具体的な目標を設定し、誠実に準備を進めていくというのが、手相活用法なのです。

たとえば、開運線の顕現期まであと五年あるとしたら、その五年の間に、自分が何をすべきかをよく検討する必要があります。漠然と時間を過ごしては本当にもったいない、といえます。

しっかりとスケジュールを組んで、具体的な努力を続けていけば、ますます開運線は太く濃く、揺るぎない線に成長していくでしょう。

このように、**手相をうまく活用していけば、手相が教えてくれる開運期に、より大きく人生を開いていくことができるのです。**

人によっては、開運時期が早まることもあります。

◈意識を向け続けることの大切さ

ところで、手相を見てもらったあとで、忘れてはならないことがあります。それは、**「いい線は強く意識し続ける」**ということです。

ではなぜ、意識し続けることが、そんなに大切なのでしょうか。

この本の最初に、「私たちは、星からの幸運エネルギーや波動を受けて生きており、私たちの運命が形成されるにあたっては、その幸運エネルギーをたくさん受け

いい線は強く意識し続けることがとても大事

られるかどうかがとても大きい」という話をいたしました。

それと同時に、「私たちの指が、その幸運エネルギーを受信するアンテナの役目を果たす」ということと、「幸運エネルギーが蓄積される場所は手のひらの丘《おか》である」ということも説明しました。

しかし、生まれ持った星の影響に違いがあるとはいえ、考えてみれば、星からの幸運エネルギーや波動は、誰にでも平等に降り注いでいるわけです。

ですから、星から降り注ぐ幸運エネルギーや波動を、たくさん受け止めるにはどうしたらいいか、ということがとても重要になります。

その答えの一つが「意識を向ける」ということです。

あるいは、「星の波動に心の波長を合わせる」と言い換えてもいいでしょう。

たとえば、太陽からは明るく発展的な波動がいっぱい降り注いでいます。

しっかりとした太陽線を持っている人は、太陽からの波動をたくさん受けているからこそ、どの方も明るくて発展的で、社会運、人気運、金運などにつながっているのです。

逆にいえば、いつも明るく前向きで発展的な気持ちを持ち続けていけば、多少指が短くても、太陽からの素晴らしい幸運エネルギーを受け止めやすくなるのです。

これが星の波動に心の波長を合わせる基本的なことですが、しかし、そうは言っても、現在の状態がいま一つの人は、明るく前向きな気持ちに、なかなかなれないに違いありません。

そこで、手のひらのホロスコープに意識を向けることによって、受ける幸運エネルギーの量を増やしていこうというわけです。

自分の手のひらに、うっすらとでも「太陽線」や「開運線」などの幸運の印が出ていたら、絶対に意識を向け続けていただきたいと思います。

さらには、**その線が、太く伸び伸びと育っていくイメージを持ち続けていただきたいのです。**

そうすれば、**それにともなって、皆さんの運勢は必ず好転していきます。**

手相の変化が、そのことをハッキリと教えてくれることでしょう。

◈星は発見したときから功徳《くどく》を発揮し始める

手相に現れた「いい印」は、流年を取ることによって、顕現する時期が分かります。

たとえば、開運線が出ているのが三年先だとしましょう。

普通に考えれば、「この人は、三年後に開運する」ということになります。

しかし、実はそれだけではありません。

その線を発見して、本人が意識を向けた瞬間から、エネルギーが大きく働き出すので、ほんのわずかな兆しであっても、それに気がついて、いい線をよりいっそう素晴らしくしていこうと育て始めれば、その間も、どんどん星からのいい波動をたくさん受けることによって、運勢はより大きく好転していくのです。

そして三年先には、当初の予定よりももっと花開いている、ということになります。

先述したように、場合によっては、開運時期が早まる人もいるくらいです。


別の角度からもご説明したいと思います。

星の影響を実際の天体の位置から計算して、運命を割り出していくのが「西洋占星術」です。

占星術と天文学はまったく別のもののように思われていますが、それは近代に入ってからのことで、実は、ともに発展してきた歴史があります。

惑星の軌道に関する法則を発見したケプラーも、本職は「占星術師だった」という、ウソのようなホントの話もあるくらい、占星術師にとって、天体観測は重要なことだったのです。

ところで、占星術には大きなナゾがあります。

天体の観測技術が進むにつれて、それまでホロスコープになかった「新しい星」が発見されるようになります。それをどう位置づけていくかということですが、**「新たに発見された星は、人々がその存在に気がついたときから、その働きが社会現象に出始める」**ということです。

そして実際、新しく星が発見されると、それと同時に、象徴的な変化が起きているのです。

たとえば、天王星《てんのうせい》は一七八一年に発見された、比較的「新しい天体」です。

天王星には「革新・革命」という働きがありますが、実際、この一七八一年という年は、世界史的に見ても大転換の時期にあたるのです。

天王星発見！
フランス革命！
アメリカ独立！
・1789年
フランス革命
・1781年
アメリカ合衆国が
イギリスから独立

天王星が発見された年（1781年）〈天王星…革新・革命の星〉

アメリカ合衆国がイギリスとの戦争の末に独立を勝ち取ったのが一七八一年です。

フランスでは、一七八九年に革命が起きて王政が倒されました。有名な「フランス革命」です。

また、ワットによる蒸気機関の発明によって、「産業革命」が起きたのも、時を同じくしています。

このように、天体観測によって天王星が発見されてから、天王星のエネルギー、あるいは、天王星の働きが世界史に大きな影響を及ぼし始めたことは間違いありません。

しかし、考えてみると、星というのは何十

億年も前からその位置に存在していたはずです。なぜ人間が「発見」し、人々がその存在を意識しなければ働きが出てこないのでしょうか。

実は、このナゾを初めて解き明かしたのが深見先生です。

なお深見先生は、最近発見された惑星や星雲も、一つひとつ働きがあり、その惑星や星雲が発見されたときから、その働きがこの世の中に顕現する、ということを解明されています。

おそらくそういうことができるのは、歴史上で深見先生だけではないでしょうか。

そして、ここで皆さんに知っておいていただきたいのは、**本人が意識を向けることによって、手のひらのホロスコープもその意味が変わってくる**、ということです。

だからこそ、**自分の手相のなかに「幸せのいい星」を発見して、自分の気持ちを「幸せの星」に向け続けていくことがとても大事**なのです。

「星は発見されたときから、その功徳《くどく》を発揮し始める」

深見先生から教えていただいたこの大切な法則を、ぜひしっかりと覚えておいていただきたいと思います。

◈いい線を悪い線だと勘違いしたらどうなるか

「意識の向け方を間違えると、とんでもないことになる」という事例をご紹介したいと思います。

たしか半年ほど前です。

二十八歳のK子さんを鑑定したときのことです。

K子さんはせっかく鑑定に来たのですが、なかなか手を出そうとしません。

ただただ、

「私は、運が悪い人間なんです」

と繰り返すばかりです。

そこでK子さんに、

「まあ、そう言わないで。ちょっと手を見せてごらん」

と、やさしく声をかけましたが、

「実は、あまり手を見てほしくないんです」

と言って拒み続けます。

「まあまあ、せっかく来たんですから」

「でも、しかし……」

こんなやり取りが何回かあったのですが、やっとの思いで手を出してくれました。

手を見るかぎり、特に目立って悪いところはありません。

それどころか、K子さんの手には、素晴らしい開運線が出ていて、流年で見ると、すでに開運期に入っていたのです。

「K子さん、最近、いいことがあったでしょう」

とお聞きしましたが、

「いえ、いいことなんかありません」

という、そっけない返事です。

たしかに、K子さんの話を聞くかぎり、とても開運期に入っている人とは思えないくらい、パッとしない日々が続いています。

「とっくに開運期に入っているにもかかわらず、なぜK子さんは、身の回りにかんばしくないことが続いているのだろうか……」

私は少し分かりかねていたのです。

ところが、K子さんがその理由を話し始めてくれました。

「実は先生、この線ですが、以前、別の占い師さんに見てもらったら、『この線は、運の悪い人間に出る線だ』と言われて、それ以来、ずっとショックが続いているんです」

といって、1本の線を指し示しました。

私は腰を抜かさんばかりに驚きました。

というのは、その線は開運線だったからです。

「K子さん、この線は開運線といって、ものすごくいい線ですよ。運の悪い人に出るどころか、運のいい人に出る線なんですから」

とお伝えすると、

「えっ⁉ 本当に本当ですか？」

と言ったかと思うと、K子さんは突然泣き出しました。

占い師から、「あなたは、運の悪い人間です」と断定されて、どれだけショックだったか察して余りあるものがあります。

それがいま、「自分は運のいい人間だ」と言われて、大きく安堵《あんど》したことでしょう。

きっと、いままでのつらい思いと、ホッとした思いとが交差して、K子さんは感

せっかくいい線が出ていても悪い線だと思い込むと運は開かない

極まったのだろうと思います。

それにしても、です。

運のいい線を、運の悪い線だと鑑定し、しかも、「あなたは運の悪い人間だ」と断定するとは、いったいどういうことでしょうか。

私は、その占い師に大きな憤りを感じるとともに、鑑定師のひと言が与える影響の大きさを、改めて実感した瞬間でもありました。

実際K子さんは、その占い師に、「あなたは運が悪い」と、誤った指摘を受けて以来、本当にやることなすこと全部がうまくいかなくなってしまっていたのです。

開運線が入っているにもかかわらず、です。

もともと入っていた開運線は、もっと濃く、クッキリ出ていたことでしょう。

ですから、K子さんが「自分は運の悪い人間だ」と、これからもずっと思い続けていたらと思うと、本当にゾッとします。

◈向上線の有無は人生の明暗を分ける！

人生のシナリオを見る上で、もう一つ、必ずチェックしなければならない大切な線があります。

それは「向上線」です。

図35に示したように、生命線から人差し指のほうに向かって伸びていく線で、一般には「目標に向かってがんばっている人に出る線」とされていますが、その説明だけは十分とはいえません。

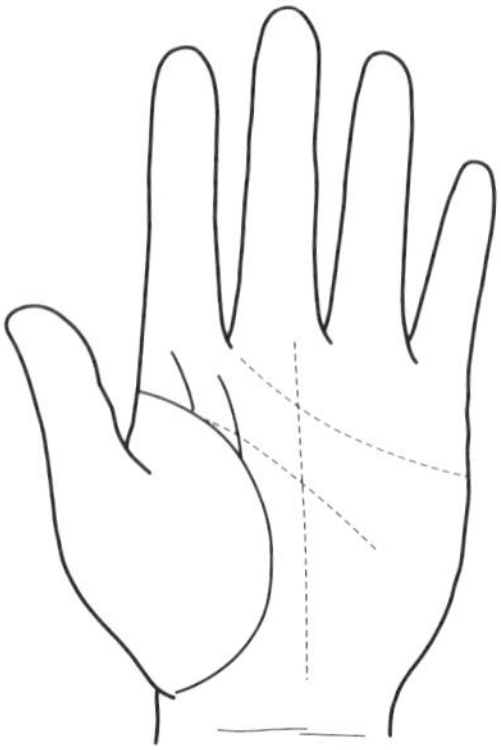

図35 ◎ 向上線…向上線の有無は人生の明暗を分ける

向上線は人生の明暗を分けると言ってもいいほど重要な線なのです。

実は、そのことに気づかせてくれたのが、私の尊敬する深見先生だったのです。

たくさんの方の手を拝見する中で、私はずっと疑問に感じていることがありました。

手相を見ると、素晴らしい才能やヒラメキを示す線がハッキリと出ている方がいます。運勢的にも特に大きな問題はありません。

しかし、そういう方から話を伺ってみると、今ひとつ活躍されていないことが意外に多いのです。

「あなたはとても優秀だから、活躍されているでしょう」

と言うと、

「そんなことないけどなあ」

といって、首を傾《かし》げています。

そこで開運線等を示して、その意味を説明すると、とりあえず納得はされます。

「そういえば、人よりはちょっと思いつきはいいほうですかね」とか、「比較的、能率よく仕事をこなすほうだとは思いますが……」というふうに、自分の能力を認めはするものの、あまりピンとは来ていないのです。

手相に現れているからには、その人が素晴らしい能力を持っていることは間違いありません。

しかし、それを十分に活かしていない人が多いのです。

そんなある時、深見先生からこんな話をお聞きしました。

自分を厳しく叱ってくれる人がそばにいる人は運がいい

「なぜ、すごい才能を持っているにもかかわらず、それを活かしていない人がいるか分かりますか？　それは、『自分を叱ってくれる人が近くにいるか、いないか』の違いなんです。この差は、実はとても大きいのです」

私はこの話を聞いて、長年疑問に思っていたことが、一瞬にして氷解《ひょうかい》しました。

人は誰でも、自分を誉めてくれる人が大好きです。

ケナされたり批判されたりするのを歓迎する人は、あまりいないといっていいでしょう。

ですから、ついつい楽なほうへ楽なほうへとなびいて行ってしまうのですが、それでは才能を開花させることはできません。

たとえば、オリンピックに出て金メダルを獲るような人は、その分野では素晴らしい才能を持っているに違いありません。中学、高校の頃からその種目に関しては、秀でた能力を発揮していた人がほとんどのはずです。県大会や地区大会に出れば、いつも優勝だったことでしょう。

しかし、そこで満足してしまったら、オリンピックに出るまでにはならないのではないでしょうか。

自分にどれだけの才能があるかということに関しては、意外と本人は気づかないものです。

「オリンピックで金を獲るということは世界一になる」ということですから、ふつうの人には、自分にそこまでの才能と能力があるとは、なかなか思わないかもしれません。

しかし、

「県大会ごときで満足するな。絶対世界一を目指せ。おまえにはそれだけの素質と才能があるんだ！」

というような鬼コーチが側にいて、ビシバシしごかれながら、がんばっていけばどうでしょうか。

つまり、檄《げき》を飛ばしながら、自分の能力や才能を最大限に引き伸ばしてくれる人がいてこそ、世界に通用する圧倒的な実力が培われていくのではないでしょうか。

もちろん、それだけの素質と才能が本人にあることは言うまでもありません。

スポーツを例に挙げましたが、どんな分野でも同じだと思います。

自分を厳しく叱ってくれる鬼コーチがいる人は、その時は気づかないかもしれませんが、実は「ものすごく運がいい人」なのです。

そしてそういう方には、必ずといっていいほど「向上線」が出ています。

というのは、**向上線は必死になって自分を磨く努力をしている人には、必ず出現**

している線だからです。

別名「努力線」といわれる所以です。

ですから、**向上線が出ている人は、たとえ現状がよくなくても、時期が来れば必ず運が開いていきます。**

逆にいえば、どんなに素晴らしい手相をしていても、向上線がない人は能力を開花しきれていないということになります。

しかし、ご安心ください。

自分の限界を超える日々を送っていると、だんだん向上線が出てくるのです。

なお、深見先生から先ほどの話をお聞きして以来、「これは？」と思う方には、必ず「向上線の有無」を確認するようにしていますが、この法則は百パーセント間違いありません。

向上線がある人は、常に自分がレベルアップしていないと、自分に腹が立つ人なのです。もちろん、厳しく叱ってくれる人との出会いが必ずあるのですが、例を挙げるまでもなく、オリンピックでメダルを獲得するような人は、向上線があると同時に、運の良さも併せ持っています。

スポーツ選手ではありませんが、私の知り合いのお嬢さんの例をご紹介したいと思います。U子さんといいます。

U子さんは現在二十三歳で、医大に通っています。

彼女は小さい時から、「将来、医者になるんだよ」と、医師であるご両親から言われて、厳しく育てられてきました。門限は十八時で、友達が遊んでいるときでも、時間になれば、必ず家に帰って勉強をしていたそうです。

小学校、中学校、高校とずっとそんな感じでしたから、友達が遊んでいる時でも、自分は勉強をするのがあたり前になっていたのです。

ご両親に反発を感じた時期もあったようですが、今では自分を厳しく育ててくれたことにとても感謝しています。卒業まであと二年。小児科の医者になることを目指してモーレツにがんばっています。

そういう人の手相を見ると、しっかりとした向上線が必ず入っています。もともと優秀だったからだといえるかもしれませんが、やはり厳しい環境の中で、ずっと努力を続けてきたからこそ、才能が開花していったといえるのです。

育てられ方が違えば、まったく違う人生を歩んでいたかもしれません。

深見先生は、**「世の中で成功するかどうかは、家庭環境も大きく影響する」**ということをおっしゃっていますが、U子さんの話は、そのことをズバリ教えてくれているといえるでしょう。

◈運命のリスクマネジメント

大きな志《こころざし》を持ち、目標に向かって努力を続けていけば、元来の運勢はそれほど強くなくても、それを補う線が出てきて、必ず人生は好転していきます。

そして、未来に出ている幸せの印を発見したら、その瞬間から幸運エネルギーが働き始め、さらに、意識を向けることによって、運勢の流れも変わり始めます。

このようにして、人生のシナリオを素晴らしいものにしていくことができるのです。

この章では、「太陽線」「開運線」「向上線」という「いい線」を続けて紹介してきました。

しかし、人が生きていく上においては、いいときばかりとは限りません。

夢に向かってようやく一歩を踏み出そうとしたら病気になったり、事故に遭《あ》ったり、あるいは、頼りにしていた後ろ盾をなくしたりなど、例を挙げればキリがないくらい、人生にはいろいろな障害がつきまとうものです。

第4章で、「好運期《こううんき》と衰運期《すいうんき》」について説明いたしますが、**素晴らしい人生にしていくためにも、「障害がつきまとう衰運期の過ごし方」**がとても重要になります。

そこでこの章の最後に、不運期に出ている代表的な線を3つご紹介して、その乗り越え方を、第3章、第4章で、一緒に見ていくことにいたしましょう。

「そのまま行けば何かの障害にぶつかる」ということが事前に分かっていれば、必ず手を打つことができます。

手相には、「いい印」も「悪い印」も両方刻まれていますが、何度も申し上げているように、未来に現れている線は「絶対にそうなる」ということではありません。あくまでも「可能性」としての未来ですから、悪い印については、むしろ「改善すべきポイント」と受け止めて、どのように対処していけばいいかを考えることが肝要《かんよう》です。

人生のシナリオを、より素晴らしいものにしていくためには、プラスの要素を最大限に引き出す努力と工夫が必要であるとともに、マイナスの影響をできる限りなくしていくことも重要なポイントとなります。

●障害線《しょうがいせん》

手相に現れる危険信号のなかで、よく見かけるものの一つが「障害線」です。

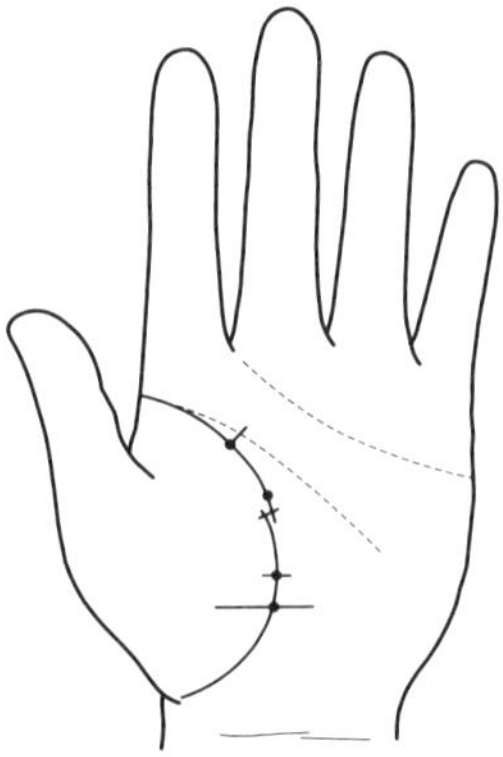

図36 ◎ 不運期を教える障害線

図36に示したように、生命線を直角に近い角度で横切るような線が出ていれば、その年齢のときに、何らかの災難や人生上のトラブルに遭遇《そうぐう》する可能性が高いことを示しています。

図37は、運命線上に現れる障害線で、この場合は、三十歳のときに厳しい状態に直面する可能性を示唆《しさ》しています。実際にどういう障害にぶつかるのかは、その方の置かれた状況にもよりますが、いずれにしても、マイナスの影響を及ぼすできごとが起こる可能性であることには間違いありません。

自分の手のひらに障害線を見つけてしまっ

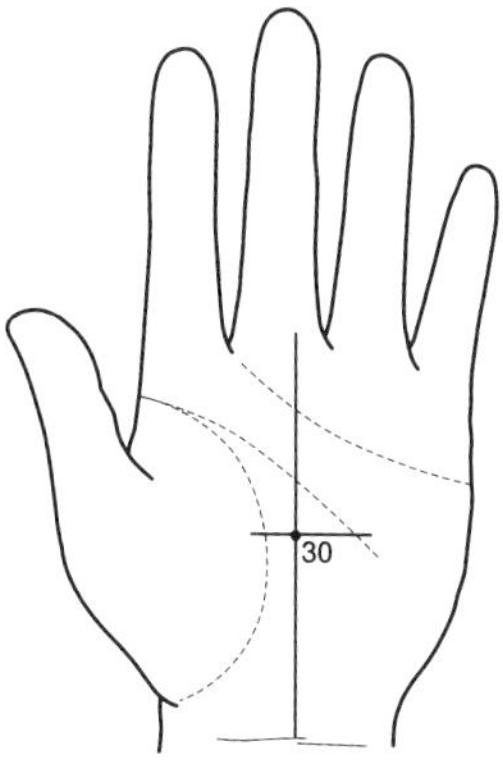

図37 ● 運命線上に現れる障害線（流年30歳）

た方は、

「ええっ!?　どうしよう……」

と、血の気が引くような気がするかもしれません。

しかし、障害線が入っているのは決して珍しいことでも何でもなく、むしろ、障害線がまったく入っていない人のほうが稀《まれ》だといえます。

言い変えれば、人生にはある程度の障害がつきものだ、ということになるでしょう。

先ほどから何度か説明してきたように、意識の影響は運勢に大きく左右します。

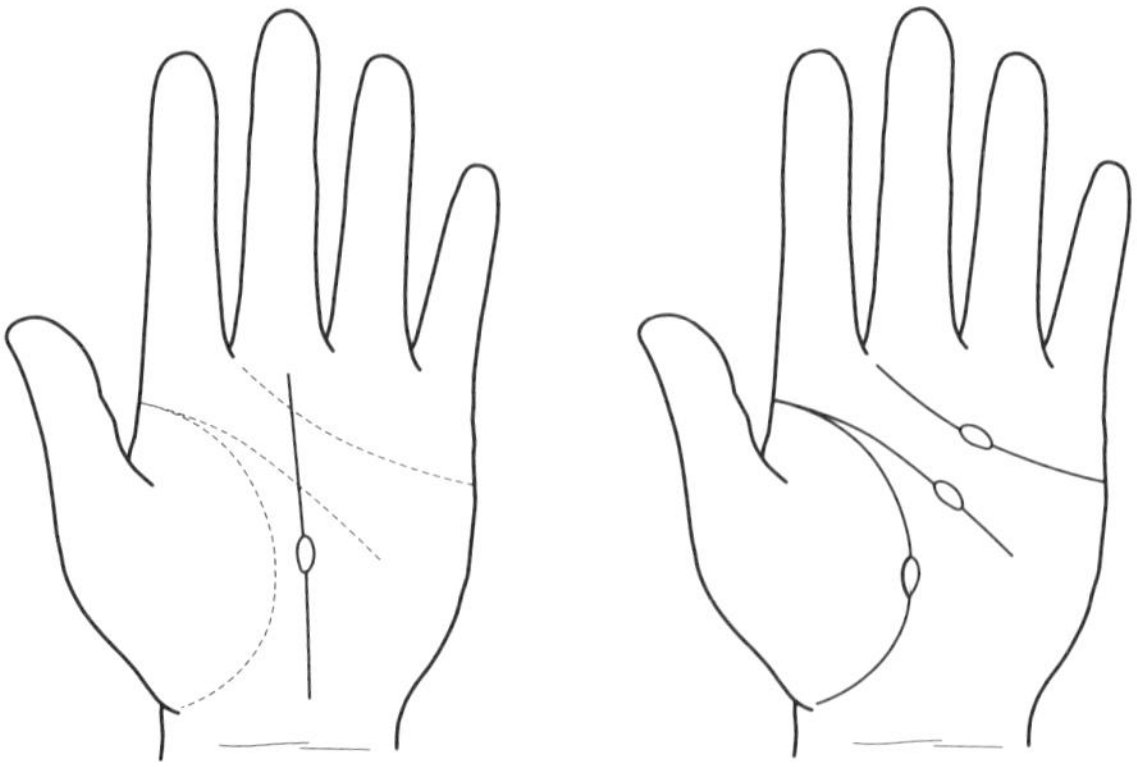

図38 ● 島型

ですから、自分の手のひらに障害線を見つけたとしても、イタズラに怯《おび》えることなく、それを「注意信号」「改善点」と受け止めて、改めるべき点は改めたうえで、さらに大きな目標に向かって前進していくという気持ちを保ち続けることが、何よりも大切です。

そうやって努力を続けていくと、障害線の純度は下がり、場合によっては、ほとんど消えてなくなることもあります。

● 島型《しまがた》

手相に現れる注意信号には「島型」と呼ばれるものもあります。

図38に示したような形をしているので、目につきやすいと思いますが、島型というのは、単に何らかのアクシデントに遭遇するだけでなく、自分では手のほどこしようのない状態になることを暗示しています。

努力しようにも、そこから抜け出す手がかりがつかめない状態が、ある程度の期間続くことを教えているのです。

スランプの始まりと終わりの時期は、流年を見れば分かります。

ただし、その前に何らかの予兆がある場合がほとんどですので、早めに手を打っておくことが大切であることは言うまでもありません。

島型は、生命線や運命線だけでなく、知能線や感情線にも出ます。どこに出ていても注意を要しますが、出る線によって若干意味合いが違ってきます。

そこで、基本の4線に出る島型の特徴を、次に説明していくことにしましょう。

おそらく、基本線のそれぞれに出ている島型の違いを、ここまで説明している本はないのではないでしょうか。

〈生命線上の島型〉

生命線上に出る島型は、「身体に何らかのトラブルが生じて、身動きできない状態になる可能性がある」ことを教えています。特に、四十歳代以降に島型がある場合、「慢性病」に対する赤信号と見ていいでしょう。

生命線上に島型を発見したら、「このままいけば病気になる……」というシグナルですから、日ごろの生活習慣を見直したり、気になる部分の検査を受けたりするなどして、ぜひ早期発見に努めていただきたいと思います。そうすれば、慢性病になることを回避《かいひ》することも十分に可能です。

また、将来に対する漠然とした不安を抱えている場合も、生命線上に島型ができることがあります。大学受験に際して、浪人生活を経験した方は、だいたいその期間、生命線や知能線に島型ができていたりすることが多いものです。

〈運命線上の島型〉

島型が運命線に現れた場合は、人生航路上に思いがけないアクシデントが発生して、方向性が見出せず、しばらく苦しい状態が続くことを暗示しています。

その方の置かれた状況によって現れ方はさまざまですが、たとえて言うなら、乗っていた飛行機が墜落して、太平洋のド真ん中に放り出されたような状態です。どちらを見ても海しか見えず、岸に向かって泳いでいくこともできませんから、まさに、「途方に暮れている」という状況です。

〈知能線上の島型〉

知能線は、その人の感性や知的な活動、考え方などに関わりの深い線です。

したがって、知能線に島型が出ている場合は、頭が真っ白になって、何も考えられないような状態が続くことを現しているといえるでしょう。

また、知能線に島型ができる人は、知的な職業に就いている優秀な人が多いので、自分ひとりで仕事を抱え込んでしまう傾向があります。その結果、精神的にパンクして、うつ状態になってしまうことも少なくないようです。

最近はそういう人が多いように思います。

そういう方には、「優秀な部下を育てて、思い切って部下に仕事を任せてみてはいかがですか」とアドバイスするようにしています。

〈感情線上の島型〉

精神的な営みを現す感情線上に出る島型は、何かショックなことがあって、心のテンションが急激に落ち込む状態を現すものです。

症状としては、うつ状態やノイローゼ等、知能線の島型と似たような状態になることもありますが、キッカケは人によっていろいろです。

たとえば、失恋が原因で、なかなか立ち直れず、心にポッカリと穴が開いて、

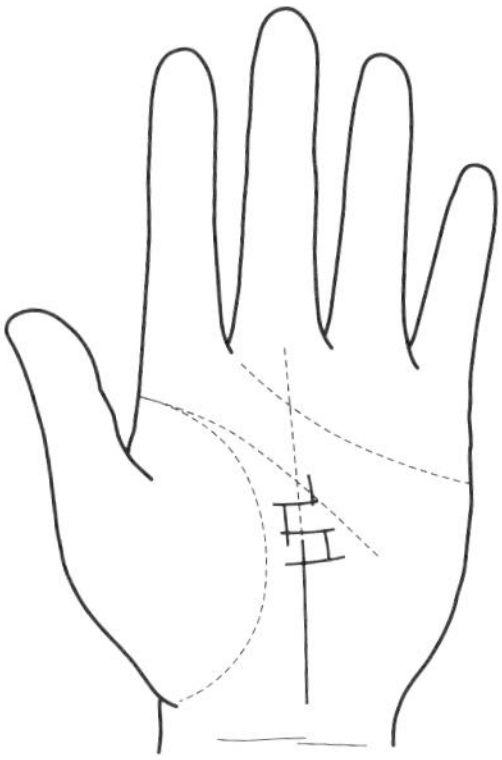

図39 ◎ 八方塞がりの相

「心ここにあらず」といった状態です。もしこういう状態が続いた経験のある人は、過去の流年を見ると、感情線上に島型が出ていることも少なくありません。

●八方塞《はっぽうふさ》がりの相

人生で出遭う障害は、もちろん一種類だけではなく、いくつもの問題が、重なって発生するケースもあります。

図39をご覧ください。

あまり一般には知られていない線ですが、私はこの線のことを「八方塞《はっぽうふさ》がりの相」と呼んでいます。

図39に示したように、小さな四画がいくつか重なるような形で現れています。運命線をさえぎっている横線は、先ほど説明した「障害線」です。

少しズレた位置からまた運命線が始まっていますが、ちょっと先で再び障害線にぶつかります。このように、障害線が複雑に入り込んで、四画の独特の模様ができていくのが、「八方塞がりの相」です。

この相が出ているときは、「やることなすことのすべてがことごとく壁に突き当たり、いままでの自分が通用しなくなる」というときです。

何とか活路を見出そうと、気持ちを奮い起こして進んでいきますが、再び壁にぶつかってしまいます。

相の出方によって状況は多少異なりますが、基本的には、それまでの自分のやり方が一切通用しなくなって、努力して積み重ねてきたものが、根底から覆《くつがえ》されるような状態になると考えていいでしょう。

島型の場合は、大海の中に放り出されたような状況で、どちらに向かって泳いでいけばいいのかさえ分かりません。努力したくても、できないような状態に陥《おちい》っているのが特徴です。

これに対して八方塞がりは、活路を見出そうとして進んでいきます。そして、もがくのです。しかし、次々と壁が立ちはだかって、どちらに進んでも、また別の障害にぶつかってしまいます。

一つや二つの障害でしたら、明るく前向きな気持ちで乗り切っていくこともできるのでしょうが、何をやってもうまくいかず、どんなにがんばっても、次から次へと困難な状態が襲いかかってきたら、だんだん悲壮感が漂ってくるのではないでしょうか。そして、「ああ、なんて自分はダメな人間なんだ」と落胆して、最悪の場合は、人生を諦めてしまう人も出てきます。これが八方塞がりのときの怖さです。

では、そういう状況に陥ってしまったら、どうすればいいでしょうか。

実際の鑑定例を含めて、次の章で詳しくこの問題を考えていきたいと思います。

第3章

必ず苦境は乗り切れる！
本邦初公開！
「逆転の手相術」

◈手相は何を教えているのか

私はこれまでの著書のなかでも、また、今回の本でも、再三に渡って、**「自分の考え方や生き方を変えれば、必ず未来はよくなるし、それにともなって、手相もドンドン変化する」**ということを、具体的な鑑定例とともにお話ししてきましたが、まずそのことをしっかりと認識していただきたいと思います。

ですから皆さんが、もしも、これから先の人生を占ってもらって、悪いことを暗示する線が出ていたとしても、それを回避するための努力を真剣に続けていけば、やがてその悪い線は消えてなくなり、場合によっては、いい線に育っていくこともあります。

いや、そのほうがはるかに多いといえるでしょう。

私は、**手相をいい線に育てながら開運した人を、いままで何人も見てきました。**

あくまでも手相は、「今の状態のまま進んでいけば、こうなりますよ」ということを、皆さんに教えてくれているのですから、**鑑定結果を受けて、よい点はさらに伸ばし、弱点は必ずカバーしていく、という心構えが何よりも大切**です。

もしも、手相にいい印があるのなら、それを大事に大事に育てて、さらに大きく発展させていくことが大切ですし、逆に、たとえ悪い兆候が出ていても、自分の改善すべきことをいち早く見つけて、今日から打開策に向けて取り組み始める必要があります。

未来に現れている線は、あくまでも「可能性」です。

自分が踏み出すその一歩こそが大事であり、その一歩次第で、未来は良くも悪くもなるのです。

ただし、いくら手相が変わるといっても、ある日突然、昨日まではまったく違う大吉相の手相に変わっていた……ということはあり得ません。いい線を育てていくにしても、悪い線を薄くしたり、短くしたり、消したりするにしても、やはり、ある程度の時間は必要です。

◈性格が激変するとき

もちろん、手相の線には純度がありますが、一般的な傾向として、いい線が濃くなったり薄くなったりすることはよく見られる現象です。

それに対して、悪い線を短くしたり、薄くしたり、ましてや、消したりするのは、相当困難を極めます。

今までの自分の生き方やものの見方・考え方、性格などを振り返り、改善する努力を早速始めれば、悪い線が薄くなったり、消えたりすることもありますが、先述したとおり、これが簡単にできれば、誰も苦労はしないといえるでしょう。

私の人生の師である深見東州先生も、**「性格を改善すれば、運勢はガラリと変わる」**とよくおっしゃいますが、いろいろな人を見てきて言えることは、性格が変わらざるを得ない環境に追い込まれて、人は初めて性格が改まり、そこから運勢が向上していくケースが多いようです。

なお、深見先生の『大除霊』（たちばな出版刊）という本に、その内容が詳しく紹介されていますから、興味のある方は、ぜひお読みいただきたいと思います。

実は、「性格や生き方が変わらざるを得ない環境に追い込まれて、人は初めて性格や生き方が改まり、さらに素晴らしい人間へとグレードアップしていく」ということについては、第2章で「八方塞がりの相」をご紹介しましたが、この「八方塞がりの相」の乗り越え方が、そのことを如実に物語っているのです。

人は生きていくうえで、たとえ逃げたくても、もがき苦しまなければならないときがあるようです。

そのとき、それをどう受け止め、どう乗り越えていけばいいのでしょうか。

◈「八方塞がりの相」はどういうときに現れるのか

先日、三十一歳のM美さんを鑑定したときのことです。

M美さんは、笑顔のとてもよく似合う美しい女性で、この日も、ニコニコとした笑顔で私の前に現れました。

図40はM美さんの手相です。

ご覧いただいてお分かりのように、運命線上、二十七歳〜三十二歳の間に、見事といっていいくらい「八方塞がりの相」が出ていました。

つまりM美さんは、「今まさに八方塞がりの真っ只中にいる」ということを、ズバリ手相は教えていたのです。

第2章でも説明いたしましたが、八方塞がりの相が出ている期間は、やることなすことすべてがダメになったり、ウラ目に出たりしてしまう状態にあります。

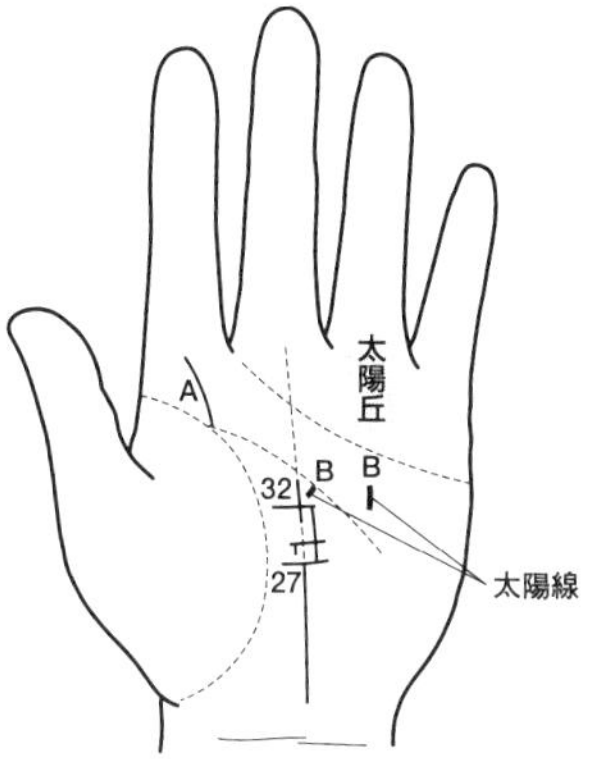
・運命線27歳〜32歳に「八方塞がりの相」が出ている
・がんばり屋の証明である「向上線」Aが出ている
・流年32歳のとき未来に希望を示す「太陽線」Bが出ている

図40 ● M美さんの手相

本人としては、一生懸命にがんばるのですが、あせればあせるほど、もがけばもがくほど、結果がまったくついてきてくれず、さらには、友だちだと思っていた人から足を引っぱられたり、人のやっかみを受けたりします。

また、環境が急に変わって、たとえば、やたらと厳しい上司が転任してきて、「キミはいままでいったい何をしてきたんだ。そんなことでいいと思っているのか」と、ビシビシしごかれる、といった具合です。

ですから、いままでの自分がまったくといっていいほど通用しなくなってしまうのです。

自分の周りすべてが、八方の壁に囲まれてしまうような状態で、だんだん心理的にも追い込まれていきます。

その結果、「ああ、なんて自分は情けない人間なんだ、なんてダメな人間なんだ」と落胆して、最悪の場合は、自殺を決意するケースもあります。

ただし、いま目の前にいるM美さんの表情を見ている限り、M美さんがそんなに厳しい状態にあることは想像もつきません。

こういうとき、つくづく、「人は見た目だけで判断してはいけない」と思う瞬間でもあります。

ふつう、悩みを抱えている人は、重く沈んだ表情をしているので、手相を拝見する前に、その人の心の状態もだいたい判断がつくのですが、なかにはM美さんのように、それをまったく表情に出さない方もいます。

しかし、むしろそういう方のほうが、深刻な状態にある場合が多いのです。

◈悩みとは、「汝（な）」と「闇（やみ）」

私はM美さんに、

「いまはとっても苦しいんじゃないですか」

と、そっとお聞きしました。

するとM美さんは、

「実は、もう限界なんです。いっそのこと、死んでしまいたいと思っているんです」

と、先ほどまでの笑顔が一瞬にして消え、苦痛に満ちた表情に変わりました。

M美さんの話によると、最初の障害は仕事の面に現れたそうです。

M美さんはイベント企画の会社に勤めていて、ある大切なプロジェクトを任され、一生懸命に各方面と調整を進めてきました。そうして準備が万端に整って、いよいよ実際に動き出すというときになって、まったくの不可抗力で、プロジェクトそのものが中止になってしまったのです。

何カ月もの間、徹夜続きで準備を進めてきたことが、一瞬にして白紙です。

「私はいったい何のためにがんばってきたのだろう」

M美さんが、茫然自失《ぼうぜんじしつ》の状態になってしまったのも無理はありません。

しかも、一度ならず、二度三度と、同じようなことが続いたといいます。

なぜか自分が担当するプロジェクトは、次々とアクシデントが起こり、結果、暗礁《あんしょう》に乗り上げてしまう……。そういうことが繰り返されて、M美さんはいつしか、仕事に対する自信も希望も、消えうせてしまったのです。

さらにM美さんに追い討ちをかけたことがあります。

それは、将来を誓い合っていた彼から、突然、「もう、終わりにしよう」と、一方的に別れを告げられてしまったことです。

仕事で散々つらい目に遭っていたからこそ、心の支えになってほしかったのに、信頼していた彼が、突然いなくなってしまったのですから、話を伺いながらも、M美さんがいまどんなにつらい状態にあるのか、身にしみて感じられました。

さすがのM美さんも、「ああ、なんて私はダメな人間なの……」とすっかり落胆して、「私はこの世の中に必要とされていない人間なんだ」と、思い詰めてしまったようです。

彼女が人一倍がんばり屋さんであることは、手相にしっかりと現れています（図40のA…向上線）。

しかし、どんなにがんばってもうまくいかない時期というのが、たいていの方の人生にはあるものです。

八方塞がりの時というのは、やることなすことすべてが頭打ちになってしまいます。ですから、知らず知らずのうちに、心が真っ暗な闇の中にスッポリと入ってしまうのでしょう。

「悩みとは、『汝（な）…自分』が『闇（やみ）』のなかにいるから『悩み』であり、自分の心が黒い雲に覆《おお》われているので、どこを向いても真っ暗闇と思ってしまうのです。しかし、その雲の上には、サンサンと輝く太陽がちゃんと照っているのです。悩みの雲から顔を出せば、輝く太陽に出会えるのです」

そういうことを深見先生からお聞きしたことがあります。

つまり、悩みの雲のなかにスッポリと入ってしまっているので、本当はサンサンと輝く太陽があるにもかかわらず、悩みの雲から顔を出せずに、太陽の存在にさえ気づけずにいるのです。

しかしもっと問題なのは、そういう暗い心の状態が続くと、出口の見えない暗夜行路に迷い込んでしまうため、悪いものをどんどんと引き寄せてしまい、運気そのものが、ますます悪くなってしまうことです。

◈「八方塞がりの相」と必ずセットになっているもの

いかがでしょうか。

M美さんの話を聞きながら、もし自分がそんなヒドイ目に遭ったらどうしよう、と思っている方が多いのではないでしょうか。

しかし、実は、ほとんどの方に、人生航路を意味する運命線上に「八方塞がりの相」が出ているのです。

「えっー!?　まさか、自分の手に八方塞がりの相が出ているなんて信じられない〜」と、おっしゃる方が多いのですが、「八方塞がりの相」が出ていない人を探すほうが難しいともいえます。

先ほどもいいましたように、「人は生きていくうえで、たとえ逃げたくても、もがき苦しまなければならないときがある」ということなのかもしれません。

しかし、ここで皆さんに、秘伝中の秘伝をご紹介したいと思います。

それは何かといいますと、**「八方塞がりの相」**が出ているドン底の真っ只中にい

八方塞がりの相のスタート時期から数えて5年後、7年後、10年後のいずれかに、必ず「希望を示す太陽線」が出ている

る人すべてに、「必ず未来に希望を示す太陽線が出ている」ということです。

これは、三万人以上の方たちを鑑定するなかから発見した法則であり、鑑定すればするほど確実に存在する、ということが、だんだんハッキリしてきました。

しかも、もう一つの大切な法則があって、「未来に希望を示す太陽線が出始めているのは、八方塞がりの相のスタート時期から数えて、五年後、七年後、十年後」なのです。

決まって、「五年先」「七年先」「十年先」というのは、本当に不思議な数字です。

しかし、この「五年後」「七年後」「十年後」

という数が、実に大きな意味を持っているのです。

なお、その大切な意味については、後ほどご説明したいと思います。

さてM美さんですが、もちろん「未来に希望を示す太陽線」が出ていました。

それが図40のBです。

この**「未来に希望を示す太陽線」は、うっすらと出ていることが特徴です。**

ですから、目を凝らしてよく見ないと、見落としてしまいがちですが、**必ず入っています。**

M美さんの場合、流年を取ると、五年後です。

つまり、M美さんは二十七歳から「八方塞がりの相」が出始めていましたから、五年後の三十二歳で大開運する、ということを手相は告げてくれています。

ということは、M美さんはいま三十一歳ですから、来年、大開運が訪れるのです。

◈M美さん、幸運の印を見つけましたヨ！

「M美さん、大丈夫ですよ。来年、この苦しかった五年間に終止符が打たれて、爆発的に運が開けるという太陽線が出ていますから、安心してくださいね」

と、お伝えしました。

M美さんは最初、何のことか分かりかねている様子でしたが、私が指をなぞらえながら太陽線をお示しすると、

「えっ？　この線が太陽線ですか？」

「そうです。目を凝らしてジッと見ていてくださいね。そうすると、この太陽線がだんだん濃くなっていきますから」

「あっ、ホントだ！　さっきに比べて、濃くなった気がする！」

この**太陽線はうっすらとしか出ていませんから、ややもすると見落としてしまい**

がちですが、八方塞がりの相のスタート時期から数えて、五年先、あるいは、七年先、十年先に間違いなく出ています。

しかも、この太陽線の存在に意識を向けると、太陽線がだんだん濃くなってくるのです。

これは、いままで何人もの人が実際に体験していることです。

なかには、見えるか見えないかくらいに薄かった太陽線が、本人が意識したことでだんだん濃くなり、確信に変わった途端に、その太陽線が伸びた人もいるくらいです。

ほんの十分ほど前は、自殺さえ決意していたM美さんですが、もうそのM美さんは、どこにもいません。

「わー、これが太陽線なんだ。来年から運がよくなるんですね。よかったー」

M美さんは、本当にうれしそうです。

私も、M美さんの喜んでいる姿を見て、心の底からうれしくなりました。

◈八方塞がりの時とは、ワンランク上の自分に脱皮する時

思えば、M美さんはこの四年間、まったく思いどおりにいかない状態で苦しんでいました。

図41をご覧ください。

ご覧いただいてお分かりのように、「八方塞がりの相」は、人生航路である自分の運命線に、障害線という重石が乗っかっている状態です。

この障害という重石をはねのけようと一生懸命にがんばるのですが、再び障害が入り、もがき苦しむことになります。それが何回か続くのです。

確かに今は、まだつらく苦しい時期に違いありません。

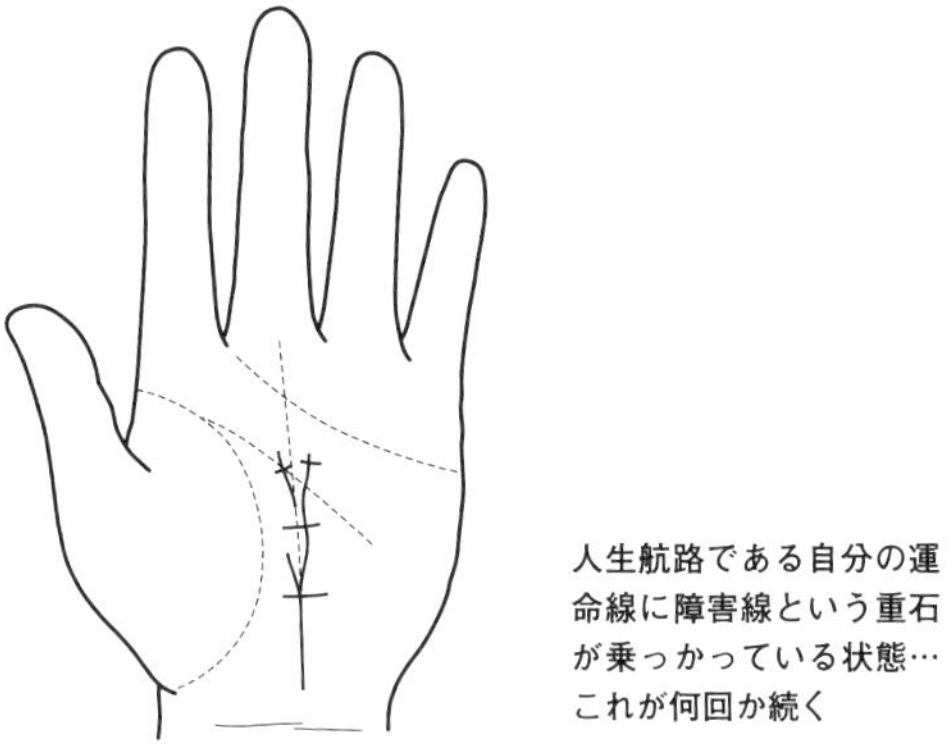
人生航路である自分の運
命線に障害線という重石
が乗っかっている状態…
これが何回か続く

図41 ● 八方塞がりの相の代表的なもの

しかし、絶対に折れないで、この苦しい時期を乗り越えれば、必ず人生は大きく花開いていきます。手相はそれを、確実に教えてくれているのです。

「みんな幸せになる権利があるのではなく、**幸せになる義務があるのですよ**」

これは、深見先生のお師匠さんでいらっしゃる植松《うえまつ》愛子《あいこ》先生のお言葉です。

M美さんの手相を見ていて、私の頭の中では、植松先生のお言葉が、何回も何回も繰り返されていました。

客観的な状況は急には変わらなくても、受け止め方や見方を変えれば、本人にとっての

悟りとは考え方の工夫であり、日々の生活修業は受け取り方の工夫である

意味が大きく変わってきます。

「コップのなかに水が半分入っている」として、それを、「コップのなかに水が半分しか入っていない」と受け止めるのか、それとも、「コップのなかに水が半分も入っている」と受け取るかによって、その後の踏み出す一歩がまったく違ってくる、とよく言われますが、それとまったく同じです。

深見先生は、「悟りとは考え方の工夫であり、日々の生活修業は受け取り方の修業なのです」とおっしゃいます。

さてM美さんですが、以上のことから鑑《かんが》み

れば、二十七歳からつらく厳しい状況が続いてきたわけですが、その状況から逃げずに、歯をくいしばりながらがんばり続けてきたからこそ、次なる大きなステップに立つための幸運エネルギーが蓄えられてきたのでしょう。

それが、来年、つまり、M美さんが三十二歳になるとき、というわけです。

自分のコップの中身が満タンになって初めて、その養分が外にあふれ出し、素晴らしい幸運が訪れるのです。

人はわけもなく、幸せになることも、社会的に開花することもありません。

成功したり、幸運を勝ち取ったりするには、それと同じだけの、いや、それ以上の、目に見えない隠れた陰《いん》の苦しみや葛藤《かっとう》、経験、体験等が必要なのです。

八方塞がりの相は、がんばろうとする人生航路の運命線に、障害線が負荷をかけて押さえ込んでいる状態ですから、その負荷である障害の壁をぶち破っていこうとする「心のバネ」と「魂《たましい》の力」を強くする必要があります。

そうして初めて、人はワンランク上の自分に脱皮していくのだといえます。

この、「心のバネ」と「魂の力」を強くする方法が、素晴らしい先人の生き様を学んだり、古今東西の古典を読破したりして、「真実の学問」を身につけることなのです。

そうすれば、苦しい状況にあっても、それを乗り越えようとする「心のバネ」と「魂の力」を強くすることができます。

まさに、八方塞がりのときは、自分の御魂《みたま》の力を強くするための、大切な試練のときであり、脱皮のときだといえるでしょう。

ですから、こういうときに、やけを起こしたり、くさったりするのが、最もこわいのです。

たしかに、前世《ぜんせ》から持ち越した徳分《とくぶん》がいっぱいある人は、生まれながらにして、何ごともスイスイうまくいくかもしれませんが、そういう人はそんなにいるわけではありません。

たとえ、生まれながらに徳分をたくさん持っている人でも、現実的な苦労や葛藤、悩み、苦しみを経験しなければ、すぐにメッキがはがれてしまうでしょう。

なお、深見先生の『新装版 運命とは、変えられるものです！』（TTJ・たちばな出版刊）という本の「好運期《こううんき》と衰運期《すいうんき》の真の意味」「天中殺《てんちゅうさつ》、大殺界《だいさっかい》の正しいとらえ方」という項目には、人はなぜ苦しい時期があるのか、また、それをどう乗り越えていけばいいのか、ということなどが明解に書かれています。

私が初めて『新装版 運命とは、変えられるものです！』を読んだときは、M美さんと同じように、八方塞がりでニッチもサッチもいかずに、ドン詰まりで苦しんでいたときですから、この本を読んで、何度、目からウロコが落ちたか分かりません。

私の人生に大きな転機を与えてくれた、貴重な本であります。

ですから、たとえすぐには形になって現れなくても、目に見えないプラスの幸運エネルギーがM美さんの中に蓄積されているのです。

そして、M美さんは来年、きっと次なる大きなステージに立ち、素晴らしく輝いているに違いありません。そのとき、培われてきたものが必ず役に立つのです。人生に無駄なことは何ひとつありません。

◈なぜ、「八方塞がりの相」と「太陽線」がワンセットなのか

このように、「八方塞がりの相」が現れている時期は、人生を大きく好転させていくために、あるいは、社会的により大きな実力を養うために、天が与えた試練の時であり、それを乗り越えなければならない、極めて重要な時期だと思うのです。

その、実力を養うのに必要な期間が、五年間であり七年間であり十年間である、といえるのであり、だからこそ、未来に希望を示す太陽線とセットされているので

しょう。

以上のことを話し終えると、M美さんはすっかり明るさを取り戻し、とてもうれしそうに、何度も何度もうなずいていたのでした。

きっと、自分に言い聞かせていたのだと思います。

この四年間、**M美さんが真実がんばってきたからこそ、来年開運するというタイミングで鑑定することになったに違いありません。**

最初は自殺を決意していたのですから、本当はあぶないところでした。

しかし、何度もくじけそうになりながらも、一生懸命に自分の八方塞がりと戦っていたからこそ、M美さんの守護霊《しゅごれい》さんが、開運の一年前という絶妙のタイミングで、私のところへと導いてきたのだろうと思っています。

最後に、今回の「未来に希望を示す太陽線」のことを、他人に自慢そうに見せたり言ったりしないように、M美さんにはアドバイスいたしました。

第2章でも、「これから育とうとしている素晴らしい線は、他人に言わないようにする必要がある」といいましたが、それと同じです。

というのは、**未来の素晴らしいことは、結実する前に他人に言ったり見せたりしてしまうと、魔《ま》が入って、成就《じょうじゅ》しなくなってしまうことがあるからです。**

特に、他人の「いいなあ」「うらやましいなあ」という思いにくっついている餓鬼霊《がきれい》が、人の運気を食べてしまうのです。

ですから、大切ないいことは、成就するまで漏《も》らしてはいけません。

また、「話《はな》す」＝「離《はな》す」で、いいことは、話すと離れてしまうのです。

◈「バック・トゥ・ザ・フューチャー」再び

一人ひとりの手相がすべて異なるように、すべての人の人生ストーリーも、二つとして同じものはありません。

しかし、だからといって、いろいろなことが脈絡もなく起こるわけではなく、気をつけて見ていくと、そこにはいくつかの基本的パターンがあることを発見できます。映画をたくさんご覧になっている方でしたら、初めて観る映画であっても、「次は、きっとこうなるぞ」と、展開をある程度予測しながら見ることができるのではないでしょうか。

特に、ハリウッド系映画の多くが、主人公がどんなに危ない目に遭っても、必ず危機を脱出して、目的が遂《と》げられる展開になっています。

ですから、ハラハラドキドキしながらも、安心して映画を楽しむことができるともいえます。

「現実はそんなに甘くはない」と、きっと多くの方が思うことでしょう。

たしかに、本当の人生では、いろいろな問題が複雑に絡みあっていくケースが多いのも事実です。

しかし、問題ばかりに心がとらわれてしまうと、ストーリー全体の流れが見えづらくなってしまうのですが、もっと俯瞰《ふかん》的に見てみると、大きな試練を乗り越えた後には、必ず人生が好転していくというパターンも存在するのです。

ただし、主人公がその試練を乗り越えられない場合の物語も、また別に用意されているという事実を知っておく必要があります。

先ほどのM美さんですが、最悪のケースを想定すれば、自ら命を絶っていた可能性もあります。もしも、そうなってしまっていたら、M美さんの人生ストーリーは、それで終わっていたことになります。

しかし、たとえどんなに厳しい状態にあっても、それを乗り越えたときには、また別のストーリーがちゃんと用意されているのです。

だからこそ、「バック・トゥ・ザ・フューチャー」なのです。

「自分の手相」が教えている「自分の素晴らしい未来」を知ることで、いま何をしなければいけないかが分かってきます。

映画『バック・トゥ・ザ・フューチャー』の少年が、もしも三十年前の世界で、困難な状況に耐え切れず、自分がすべきことを途中で放り出してしまっていたら、〝未来〟における自分の存在は消えてしまったのです。

だから、絶対にヤケを起こしてはいけません。

◈手相はウソをつかない

平成十七年五月に『手相が教えるあなたの開運期』、そして、同年十一月に『なんでこんなにあたるのか！　手相術の神秘』を出版させていただいたおかげもあって、全国各地で講演会を開催させていただいていたときがあったのですが、東京で講演会をするとき、その裏方としてがんばってくださる方のなかに、H男くんという二十七歳の男性がいました。

H男くんはいつも明るく、みんなから信頼されている好青年です。

今からの内容は当時のお話です。

講演会が終わって、コーヒーをいただきながらロビーでゆっくりくつろいでいたら、私の前をH男くんがすっと通っていきました。

ふだんはお互いに忙しいので、そんなに会話をする機会もないのですが、この日はなぜか、

「H男くん、いつもおつかれさま。ところで、ちょっと手を見せてごらん」

と声をかけたのです。

H男くんは、

「えっ⁉　いいんですか？」

と、突然のできごとに少々とまどいながらも、手を差し出してきました。

しかしこの日、H男くんの手を見ることになったのは、偶然ではなかったのです。

私はいつも、「手の差し出し方を見るだけで、その人の性格が分かる」と申し上げていますが、H男くんの手の差し出し方は、尋常な手の差し出し方ではありませ

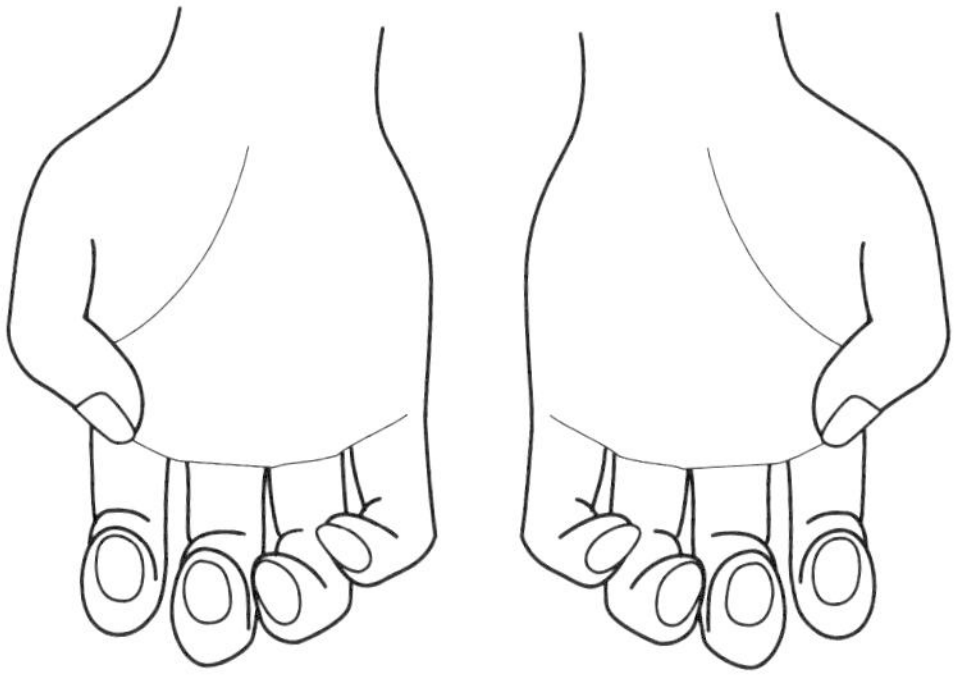

図42 ● 手をすぼめて差し出す

んでした。

図42をご覧ください。

典型的な「手すぼめ型」です。

手をすぼめて差し出してくる人の最大の特徴は、「いま、自分に自信をなくしている」ということです。さらには、「心にキズを負っていて、救いを求めている」ということであり、「いまの自分の気持ちを人に知られたくない」というものです。

H男くんは、先ほども申しましたように、裏方のリーダー的な存在で、いつも明るく、ものの言い方もハキハキしているので、手をすぼめて差し出してきたときは、本当に意外でした。

「いつもは明るくふるまっているH男くんだけど、人に言えない大きな悩みを抱えているんだなあ」

ということが瞬間的に分かりましたが、

「H男くんの手にも八方塞がりの相があるに違いない」

と思ったのです。

やはりそうでした。

私はH男くんに、

「今日は無理しなくていいからね。自分の悩みを包み隠さず話してごらん」

と、やさしくいいました。

すると、

「水落さん、実はぼく、いまドン詰まりなんです……」

と言ったかと思うと、H男くんの目には、みるみる涙がたまり始めました。

いつも明るくふるまっていただけに、自分の胸の苦しみが誰にも言えずに、悶々《もんもん》としていたに違いありません。

◆H男くんが悶々としていた理由

H男くんの話によると、表に出している明るさからは、想像もできないほど、暗い思いを心に抱えていたようです。

複雑な家庭環境もあってか、高校を卒業後、すぐに上京して、遠縁にあたる人が経営する会社に就職したとのこと。

遠縁にあたる人はH男くんのことが心配で、引き取ってくれたというわけです。

その恩義に報いるために、彼は一生懸命に働きました。

やがてそのがんばりが認められて、あるセクションの責任者に抜擢《ばってき》されたのです

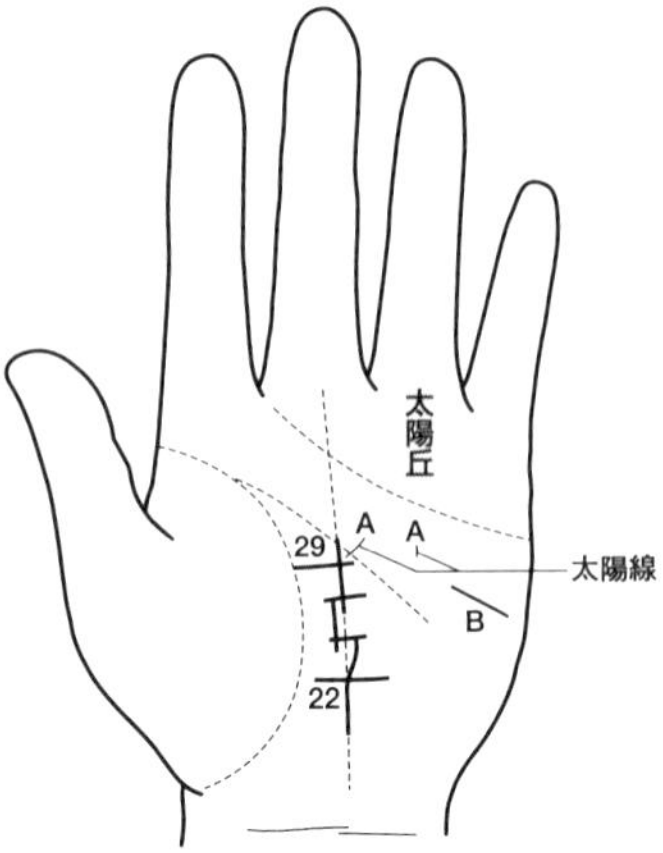
・運命線22歳〜29歳まで「八方塞がり」の期間が続く
・運命線29歳のとき太陽丘に向かう「未来に希望を示す太陽線」Aが出ている
・ビジネス線Bが出ている

図43 ● H男くんの手相

が、そのあたりから少しずつ歯車が狂い始めます。

それが二十二歳のときで、流年で見ると、ちょうど最初の障害線にぶつかり、八方塞がりのエリアに入っていった時期に当たります（図43）。

H男くんの一番の悩みは、職場の人間関係でした。

責任ある立場に抜擢されて、一生懸命にがんばったのですが、周りの人がついてきてくれなかったのです。

「社長の親戚だから優遇されているだけだ」とか、「ちょっとできるからといって、いい気になっている」というような陰口も聞こえてきて、露骨に足を引っ張られるようなことも少なくなかったといいます。

それでも責任ある立場だけに、絶対に弱い自分を見せてはいけないと思い、明るく振舞って、周囲を盛り上げようとしてきました。

しかし、そうやってがんばればがんばるほど、ますます自分が浮いた存在になっていくことが分かり、それがとてもつらいのだそうです。

しかも直接の上司にあたる人が、ものすごく陰険な人で、H男くんの仕事ぶりにいちいちケチをつけるとか。その理由については、H男くんに「ビジネス線」が出ているからでもあるのですが（図43のB）、この線がある人は、もともと、厳しい上司に恵まれる人でもあるのです。

なお、ビジネス線については、『なんでこんなにあたるのか！ 手相術の神秘』に詳細が掲載されていますので、興味のある方は、ぜひそちらをお読みいただければと思います。

ということで、H男くんはもう自分ではどうしていいか分からず、また誰にもこの苦しい胸のうちを明かすことができずに、ずっと一人で苦しみ続けていたのです。

先ほどのM美さんのところでもお話ししたように、八方塞がりの相が出ている期間は、本人としては一生懸命にがんばっているのですが、すべてがウラ目ウラ目に出てしまい、八方が壁に囲まれてしまう状態です。

同じ障害を意味する相でも、「島型」の場合は、たとえば、いきなり太平洋のド真ん中にポチョンと落とされて、岸も何も見えないから、最初からあきらめてしまって途方に暮れている、という状態を意味します。先がまったく見えないから、努力することすらやめてしまうのです。

それに対して八方塞がりは、先が見えているから一生懸命に努力するのですが、見える先には壁があり、その壁にドーンとぶち当たって遮《さえぎ》られてしまう、という状態です。

いままでの自分が通用しなくなって、半泣きのような心理状態に陥ります。

しかし、それについても先述したとおり、いままでの自分が通用しなくなるということは、ワンランク上の自分になるための脱皮のときであり、すべては素晴らしい未来のために、天が与えた尊い試練と受け止めるときなのです。

◈希望の星を見つけたら、運勢は何倍もよくなる

もちろん、H男くんにも「未来に希望を示す太陽線」が入っていました（図43のA）。

「H男くん、大丈夫だよ。この五年間、悶々とした苦しい日々が続いているけど、二十九歳から太陽線が伸び始めているから、あと二年、しっかりがんばれば、長いトンネルから抜け出して、ウソのようにパーっと道が開けてくるからね」

そうH男くんに伝えました。

するとH男くんは、みるみる表情が明るくなってきました。

将来に輝く希望の星を見つけたからです。

「この苦しい時期というのは、実は、H男くんが将来大きく成長するために必要なことを学ばせてもらっている大切な時期なんだよ。素晴らしい未来に向けて、貯金をしているすごく大事な時期だから、苦のなかに自分から飛び込んででも、しっかりがんばるんだよ」

さらに、

「しかも今、幸せの星を見つけたから、今日から運勢はガラリと変わって、より大きく開運に向かっていくからね。あと二年、いままで以上にがんばっていけば、この太陽線はもっともっと太くハッキリしてくるからね」

そうお話しして、職場の人間関係についても、いくつか具体的なアドバイスをすると、いま自分が何をしなければならないのかがハッキリと認識できたようです。

H男くんは、あと二年、八方塞がりの中にいるわけですから、そう簡単に現状が好転するわけではありません。

しかし、未来の素晴らしい可能性を知って、いま現在の状態を自分が将来大きく発展していくために必要な試練と受け止めれば、苦労は苦労でなくなります。

しかも、未来の明るい希望を知ることによって、折れない心が芽生えます。

実は、それがとても大切なことなのです。

M美さんのところでもお話ししたように、何もかもうまくいかないときは、やけを起こしたり、自分からくさってしまったりしますから、自分の心が折れてしまう人も少なくないのですが、そうなってしまっては、そこで人生はストップしてしまいます。

だからこそ、折れない心を持ち続けることが大切なのです。

そうなって初めて、苦労に対する感謝の気持ちが湧《わ》いてきます。

そしてそのときから、明るい太陽の発展運が大きく動き始めるのです。

最後にもう一度、H男くんの手を見て、私はビックリしました。

それは、手を大きく広げて差し出していたからです。

最初は、手をすぼめて差し出してきましたが、明るい希望の灯火《ともしび》がついた途端に、自分に自信を取り戻して、それが、手の差し出し方にまで反映したのでしょう。

実は、**手を広げて差し出すと、星からのいい波動がいっぱい受けられるのです。**

「いかに意識の持ち方が大切か」を知らされた瞬間でもありました。

◆人生は苦しいときの越え方次第

以上、M美さんとH男くんの鑑定例をご紹介いたしましたが、八方塞がりの相が出ていること自体、それほど珍しくないということが、これでよくお分かりいただけたのではないでしょうか。

どんな方でも、おそらく過去に一度や二度は、大きな挫折《ざせつ》を味わったことがあると思います。

どんなに努力しても、それが全部水の泡になってしまったり、やることなすことすべてがうまく行かなくなってしまったりしたことが、きっと誰にでもあるはずです。

ほぼ百パーセントの方に、八方塞がりの相が見つかるのはそのためです。

ただし、その最も苦しい時期をどう過ごしたかによって、手相の線はずいぶん違ってきますし、人生も大きく変わってきます。

逆に、いま現在、満足できる状態にある方でも、いつごろから自分の運気が向上してきたかを思い起こせば、その五年前、あるいは、七年前、十年前には、かなり厳しい時期があったはずです。

本などを読みますと、世の中で大きく活躍されている方は、必ず過去に大きな失敗や挫折を経験していることが分かります。

逆にいえば、失敗や挫折を乗り越えたからこそ、大きく成長したともいえます。

その一方で、ある時期は天にも昇るような勢いで世間の注目を集めた人が、何かの事件やできごとをキッカケに衰運をたどり、表舞台からまったく消えてしまったというケースも珍しくありません。

失敗や挫折をバネに伸びていくことができる人と、そのまま押しつぶされてしまう人は、いったいどこがどう違うのでしょうか。

そこで今度は、世の中で「成功者」といわれている人の生き方の中に、そのヒントを探してみることにしましょう。

◈ホンダはなぜ「世界のホンダ」になったのか

本田技研工業の創業者である本田宗一郎《ほんだそういちろう》氏は、偉大な経営者として必ず名前の挙がる方ですから、ご存知の人も多いことと思います。

「世界のホンダ」を一代で築き上げた立志伝中の人物です。

しかしホンダも、常に順風満帆で会社が発展していったわけではありません。危機的な状況を何度も乗り越えて、そのたびに大きく飛躍しているのです。

なかでも最も厳しい状態に追い込まれたのは、昭和二十九年ごろでしょう。

この年ホンダは、創業六年目にして株式公開をしました。まさに、破竹の勢いで成長していた時期です。

ところがここで、ホンダの代名詞ともいうべきモーターバイク「カブ」に欠陥が露呈して、売り上げを大幅に落としてしまいます。

それればかりではありません。

「ジュノオ」、「ベンリィ」などの新商品も軒並み不振で、まさしく〝主力商品全滅〟状態に陥ってしまったのです。

その一方で、海外で買いつけた最新鋭の機械類の購入代金が四億五千万円（当時）で、その支払い期日も迫り、マスコミが追い打ちをかけるように〝ホンダ危機説〟を書き立てました。

私は本田氏の手相を実際に拝見したわけではありませんが、おそらくこの時期、八方塞がりの相が出ていたものと思われます。いろいろな障害が次々と襲いかかり、まさに万策が尽きたという状態だったに違いありません。

もし本田氏が、そこですべてを放り出していれば、もちろん会社は倒産し、現在のホンダもなかったことになります。

しかし、本田宗一郎氏がスゴかったのは、そんな状況に追い込まれながらも、常に前向きな姿勢を貫き通した、ということです。

この時ホンダは、なんと、オートバイの国際レースに参戦することを発表します。レースで優秀な成績をとり、世界のオートバイ市場に打って出るという大構想です。

しかし実は、こうした本田氏の前向きな姿勢こそが、輝くばかりの太陽の功徳《くどく》を引き出し、八方塞がりの状況をことごとく打ち破っていったといえるのです。

もちろん、実際の経営にはいろいろな要素がもっと複雑に絡んでくるわけですから、こと経営に関しては、女房役の藤沢武夫《ふじさわたけお》氏の手腕によるところが大きかったともいわれています。

◈志の高さ、大きさが運命を左右する

しかし、私たちが注目したいのは、本田氏の志《こころざし》の高さです。

もし本田氏が、小さな町工場の経営者で満足していれば、「世界のホンダ」は存在していなかったに違いありません。

ホンダは昭和三十一年に「社是《しゃぜ》」を制定していますが、その一節は次のとおりです。

「わが社は世界的視野に立ち、顧客の要請に応えて、性能の優れた廉価な製品を生産する。（中略）日本工業の技術水準を高め、もって社会に貢献することこそ、わが社存立の目的である」と。

志が大きければ大きいほどリスクが高くなりますから、背負い込む苦労も、当然大きくなります。

ホンダが「世界のホンダ」になったのは本田宗一郎氏に高い志があったから！

しかし、その試練を克服したときには、大発展を遂げることができるのです。

「天の将《まさ》に大任《たいにん》をこの人に降さんとするや、必ず先ずその心志を苦しめ、その筋骨を労せしめ、その体膚を飢えしめ……」

孟子《もうし》の有名な言葉です。

歴史に目を向けても、大きな役割を果たしてきた人は、必ず、艱難辛苦《かんなんしんく》を乗り越えています。

おそらく、幕末《ばくまつ》の志士《しし》たちにも、八方塞がりの相が出ていたに違いありません。

しかし、雄々《おお》しくそれを乗り越えていった

のは、日本の将来を思う「高い志《こころざし》」があったからだと思うのです。

◆人生のテーマと登場人物

志とは、人生のシナリオに大きな目標やテーマを設定するということになるでしょう。

人は生きていく上で、目標を持つことはとても大切なことです。

たとえば、「将来、医者になる」という目標を立てたとします。

しかし、ただ単に「医者になる」というだけではなく、「シュバイツゥアー博士のような立派な医者になって、苦しんでいる人たちを必ず救うんだ」ということになれば、それは志であり、その人の人生上における大きなテーマということになるでしょう。

その志があるかないかで、勉強に対する身の入り方もずいぶん違ってくるはずです。

万が一、一生懸命にがんばったにもかかわらず、何からの事情でその夢が果たせなくても、テーマがハッキリしていれば、再び、新たな目標に向かっていくことができます。

「苦しんでいる人たちを救うんだ」という部分を見れば、医者になるということ以外にも、いろいろと道は考えられるはずですし、医者になろうと思って勉強したことも、決して無駄にならず、必ず何らかの形で活きてくるはずです。

自分なりのテーマを持っている人は、たとえ困難な状況になっても、とても芯が強いですし、何らかの形で必ず道を開いていくのです。

そしてもう一つ、人生のシナリオを考えるにあたって、絶対に忘れてはならないことがあります。

それは、登場人物です。

もちろん、主役は「自分自身」です。

しかし、自分一人だけでは、どんなストーリーも成り立ちません。

どんな方にも、家族をはじめ、多くの登場人物が存在しますし、登場人物の一人ひとりにも、それぞれの人生があります。

つまり、何人もの人のシナリオが重なって、人生ストーリーが展開されていくのです。

そう考えると、自分中心のストーリーを作ろうとしても、実現しにくいということがお分かりいただけるのではないでしょうか。

多くの人とのつながりの中で、それぞれの人生が形成されていきますから、自分だけではなく、周りのみんなの幸せも願って生きていけば、それだけ多くの方からの理解や協力が得られ、結果、自分のストーリーもより素晴らしくなっていきます。

また、困難な状態に陥ったときでも、いろいろな面で手助けが得られることでしょう。

それをひと言でいえば、**「相手よし、われもよし」**ということになります。

さらにそれを広げていくと、「世のため、人のため」という気持ちが生まれてきます。

なお、「『世のため、人のため』という気持ちを持って行動していくことは、運のいい人生を歩いていくためにも、なくてはならない大切な心がけ」です。

これについては、次の章で再びお話しいたします。

◈七年前から始まっていた開運期

ちょっと、堅い話が長くなりました。

ここで、大変興味深い方の鑑定例を、三つご紹介したいと思います。

まず一つめです。図44をご覧ください。

これは、五十二歳の男性Sさんの手相です。Sさんは、ちょっと変わった経歴を持つフリーのデザイナーです。

Sさんの手相にも八方塞がりの相が見えますが、流年で見ると、それが過去のも

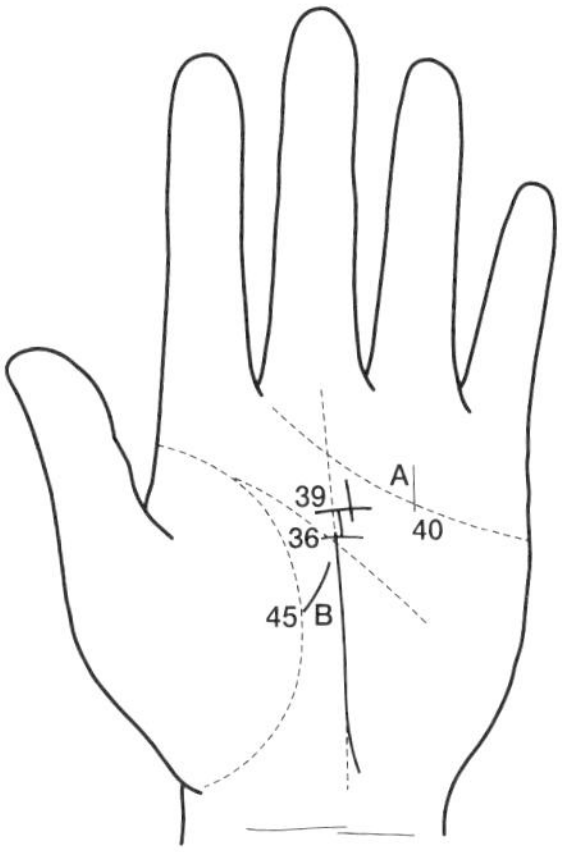

・36歳から「八方塞がり」のエリアに突入
・39歳の時、36歳のとき以上の長くて濃い障害線が入っている
・40歳の時、Sさんのそれまでの人生では考えられないような大開運を示すA線が入っている
・45歳から開運期を示す開運線Bが生命線に入っている

図44 ● Sさんの手相

のであることが分かります。

最初の障害は三十六歳のときです。

そこから八方塞がりのエリアに入っていますから、三十六歳のときに突然、それまでやってきたことが一切通用しなくなってしまったことを現しています。

「自分はこれから先、いったいどうしたらんいいんだろう……」

その時のSさんは、心理的にかなり追い詰められています。

しかし、何とか方向性を見つけようとがんばっているのですが、再び、三十九歳で打ち止めとなってしまいます。

というのは、三十九歳のとき、三十六歳のとき以上に大きな障害線が入っていたからです。


手相で読み取ったことと、その線の意味するところをご説明すると、Sさんはしばらく神妙な面持ちで聞いていましたが、思い出したようにポツリといいました。

「そうです。水落さんの言うとおりです。当たっています」

きっと、ご自分の人生を振り返って、思い当たるところがあったのでしょう。

「三十九歳で再び障害線が入っていますから、三十九歳から四十歳のころは、相当苦しかったと思います。頭がヘンになっていても、おかしくない状態だったんではないですか」

「はい。まったくそのとおりでした……」

「しかし、四十歳の後半で、人生を激変させるような、ものすごく大きなできごとがあったはずです。それまでのSさんの人生からは想像もつかないような太陽線が、

四十歳の後半からピッと伸びていますから」（図44のA）

「……。あっ、はい。確かにありました！」

Sさんは、確信に満ちてハッキリと答えました。と同時に、

「それにしても、よくそこまで分かりますね……」

と、本当にビックリされています。

Sさんの四十歳後半の大変化については、第4章で詳しく解説したいと思います。


以上、Sさんの過去の経緯を見てきましたが、問題は、Sさんがいま現在、どういう状態にあり、そして、未来の可能性はどうなっているのか、ということです。

図44のBをご覧ください。

流年で見ると、四十五歳から開運線が出ています。

ということは、Sさんは現在五十二歳ですから、七年前から開運線が出ていたことになります。

しかし、とても薄い開運線なので、おそらくSさんは気づいていないでしょう。

「Sさん、実は、七年前の四十五歳から開運期に入っていますよ」

そう言って開運線をお示しすると、Sさんはハッとされて、

「そうだったんですか……。そういわれて見れば、思い当たることがあるんですが……」

と、Sさんはとても感慨深そうに、しばらくご自分の手のひらを見つめていました。

手相の線は、本人が意識を向けると、太く濃くなっていきます。

つまり、いい線は本人がプラスの意識を向けると、プラスの方向にしっかりと動いていくのですが、本人の意識が、過去の苦しみから抜け出していないようなときには、素晴らしい線の意味が少ししか顕現しないのです。

すでに雲は晴れているのに、本人にまだ雲がかかっているので、空は照っているのに、それに気づいていない状態ともいえます。

Sさんの開運線が薄くしか出ていなかったのは、そのためです。

意識を向けるということがいかに大切か、ということが、Sさんの事例からもよく分かると思います。

◈ダメだと思ってはいけない理由

ここで皆さん、思い出す話があるのではないでしょうか。

第2章でご紹介したK子さんです。

K子さんは、占い師から悪い線だと言われて、本人がそう思い込んでいた期間は、せっかく素晴らしい開運線が出ていたにもかかわらず、本当に運が悪くなってしまっていました。

もしもK子さんが、開運線の出ている期間に、

「それは素晴らしい開運を意味する線ですよ。大きく運が開けていきますから、思

い切ってがんばってくださいね」

と鑑定されていたらと思うと残念でなりません。

しかしそれくらい、「ダメだと思ったら本当にダメになってしまう」ということを教えているのです。

そこで、私はSさんに、

「たったいま、素晴らしい星があることに気づきましたから、今日から運勢の流れが大きく変わり始めますよ」

とお話しすると、Sさんは深くうなずいていました。

◈鑑定は「する」のではなく、「させていただく」もの

ところでSさんは、私の知人のところへ、デザインの打ち合わせに来ていたとき

に、たまたま紹介されたのです。

軽く会話をしているうちに、

「じゃあ、手相を見ましょうか」

と、私はなぜか、「言ってしまった」のです。

初めは、まったく鑑定する予定はなかったのですが、気がついたらそう言っていました。

しかし、これについては、いままで何度もお話ししているように、「たまたま鑑定することになった」＝（イコール）「偶然」ではありません。ですから、H男くんにしても、Sさんにしても、鑑定を受けるべくして受けたとしか思えません。

私は毎回、不思議な巡り合わせのようなものを感じます。

一億数千万人いる日本の人口から見れば、また、六十五億を超える世界人口から見れば、私が今まで鑑定を通してお会いしてきた人はごくわずかな人数にしか過ぎません。

しかし、手相を通じて知り合った人とは、いまでも交流のある人が大勢いらっしゃいますし、そういう人たちとは、幼なじみといったら言い過ぎかもしれませんが、ずいぶんと前からの友人、知人だったような気がしています。

また鑑定中でも、

「水落さんとは、今日初めてあった気がしないですね。なつかしいというか、昔から私のことをよく知ってくれている理解者というか、本当に不思議な感覚です」

と、いわれたことは何度もあります。

私が鑑定させていただく人とは、「もともと何らかの縁で結ばれている人なのかもしれないなあ」と思うこともしばしばです。

そして、しかるべき時期に必要とされて、その方の手相を見ているような気もするのです。

ですから、「手相を見る」のではなく、**「手相をとおして、その人が幸せになるよ**

うお導きさせていただく」といったほうが、正確な表現かもしれません。

一期一会《いちごいちえ》である出会いを通して、今よりもっともっと、一人でも多くの皆さんが幸せになってほしい。お会いする人の大切な人生の中で、私はほんのちょっとしか登場しない一人に過ぎませんが、その方の幸せに、少しでもお役に立つことができるならば、これ以上の喜びはない、といつも思っています。

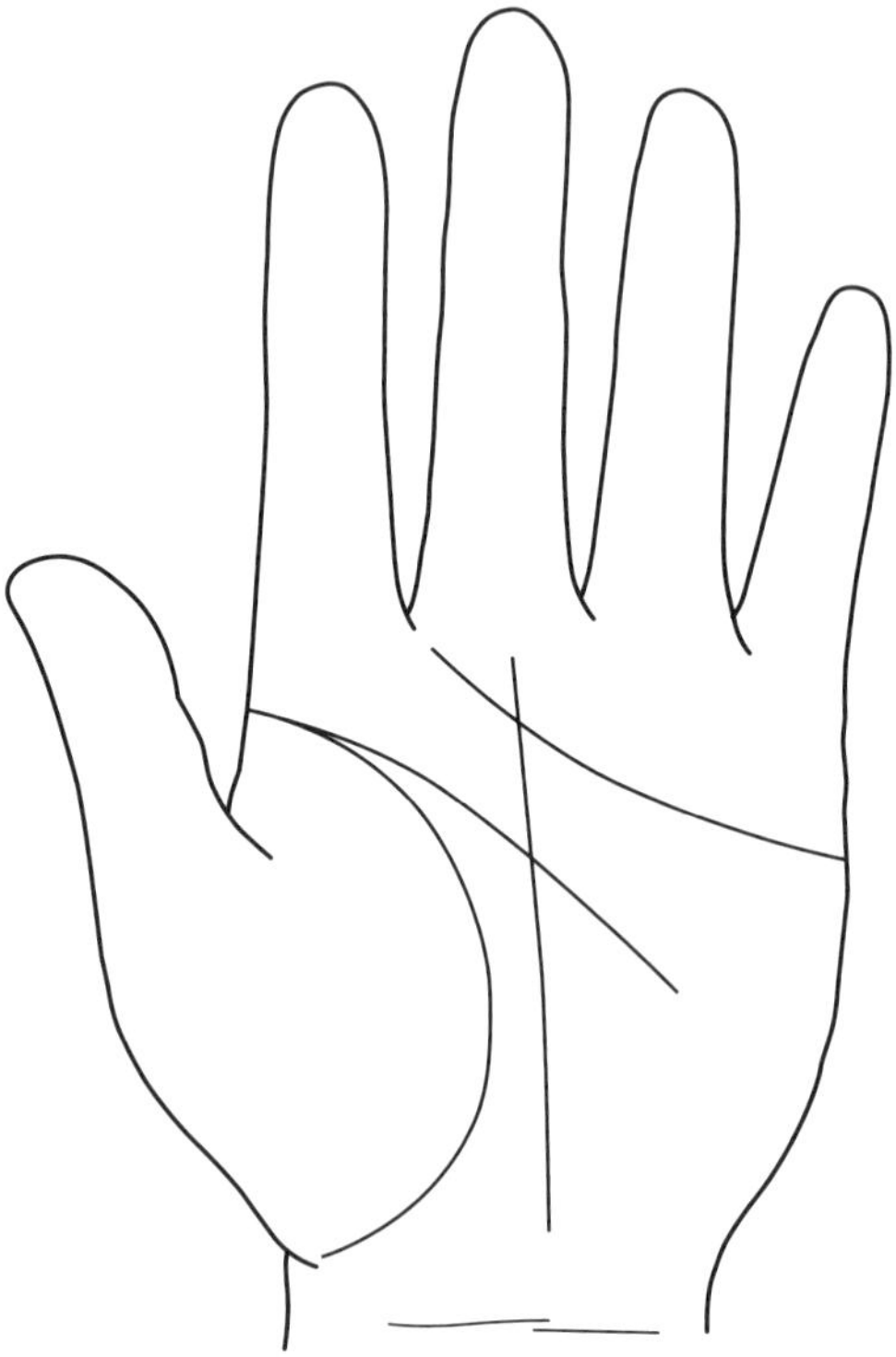

自分の手相をかいてみましょう

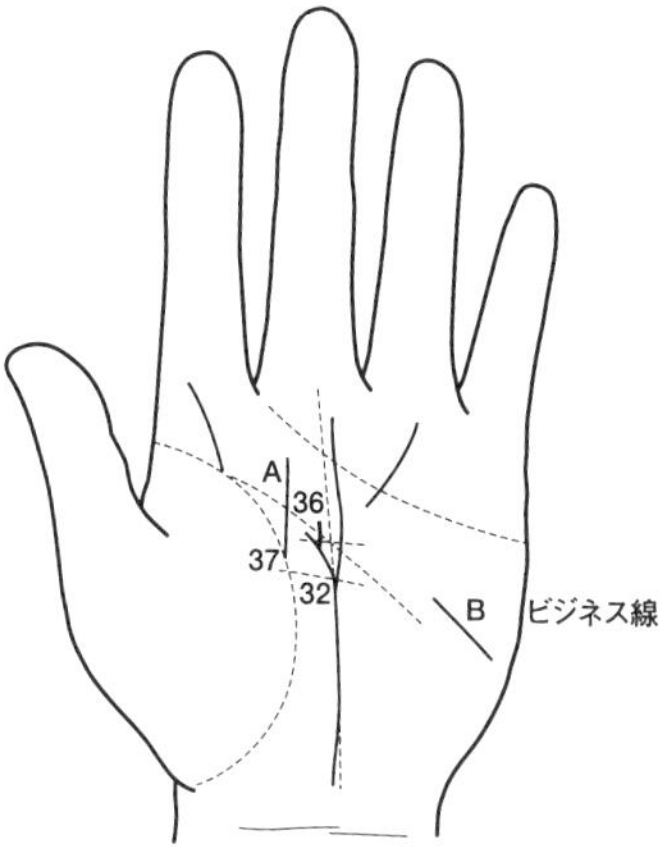
・32歳〜36歳は「八方塞がり」の期間だったが、他の人と比べて障害線がとても薄い
・37歳のとき長くてしっかりした「開運線A」が伸びている

図45 ● Oさんの手相

◆障害線が消えた！

次にご紹介するのは、四十二歳の男性Oさんです。

Oさんは、ご自分でも少し手相の勉強をしていらっしゃるとのことでした。

Oさんの手相は、図45に示したとおりですが、やはり、過去に八方塞がりの相が出ています。

ただし、Oさんの八方塞がりの相は、この章でご紹介したM美さんやH男くんのものと比べると、ずいぶん薄いことに

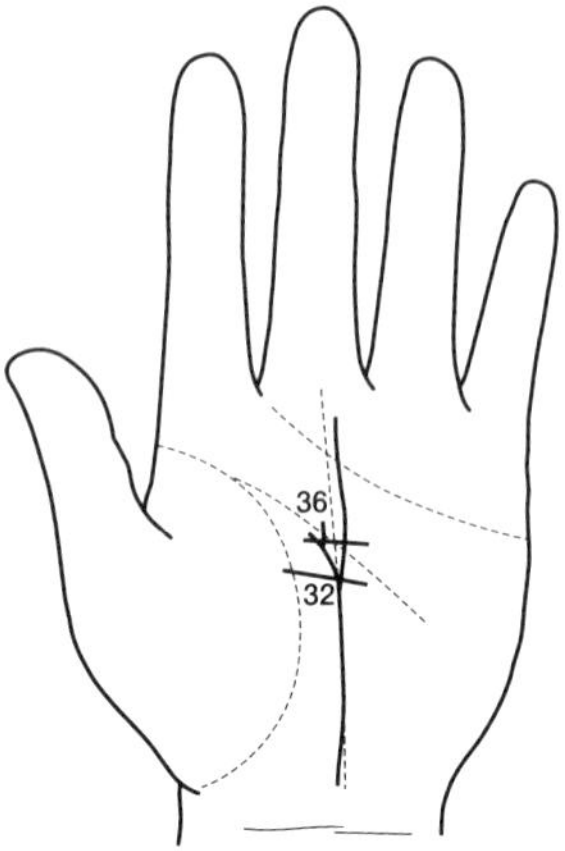

32歳〜36歳の「八方塞がり」の相は、これくらい濃くハッキリ出ていたものと思われる

図46 ● Oさん32歳当時の手相は、きっとこうだったはず……

気がつかれると思います。

ではなぜ、Oさんの八方塞がりの相はこんなにも薄いのでしょうか。

ここが今回、とても重要なポイントとなります。

Oさんの八方塞がりの相は、流年で見ますと、三十二歳〜三十六歳です。

Oさんは現在四十二歳ですから、八方塞がりの相が出ていたのは過去のことです。

そこで私は、Oさんが三十二歳当時の手相を予想して描いてみました。

それが図46です。

「あれっ？　図46は八方塞がりの線がずいぶんと濃いなあ。これだと、M美さんやH男くんと濃さが同じだなあ。でも、どうしてなのかなあ？」

と思われたのではないでしょうか。

では、実際の鑑定のなかから、そのヒントを探してみたいと思います。

「Oさん、三十二歳～三十六歳の間は、もう何をやってもうまくいかない大変な時期だったんじゃないですか」

するとOさんは、

「そうなんです。三十二歳のときに部署が変わったのですが、何しろその転属先は、私がいままでやってきた内容とはまったく違っていたものですから、まさしくゼロからのスタートでした」

「じゃあ、いままでやってきたことがまったく通用しなくなってしまったんですね」

「はい。まったくそのとおりです」
「しかも、その時の上司は、かなり厳しい人だったでしょう」
「ええ、そのとおりです。来る日も来る日も、ケチョンケチョンに言われました。もう悔しくて、仕事から帰ると、毎日のように泣いていたくらいです」
「しかしOさんは、誰よりも負けん気が強いから、上司から厳しく言われれば言われるほど、『クソー』という思いが自分のエンジンをフル回転させて、結果、だんだんと仕事ができるようになっていったんじゃないですか」（図45のB…ビジネス線）
「そうですね。最後のほうは、もう上司から何も言われなくなりました。そして、三十七歳で部署が変わったんです」
「ああ、やっぱり。三十七歳で開運していますね。三十二歳からの苦しい数年間をがんばった結果ですね」（図45のA）
「水落さんのおっしゃるとおりだと思います。その当時はむちゃくちゃ悔しかったんですが、いまとなっては、そのときの経験が全部、自分の血となり肉となっていると思っています。もちろん、そのときの上司には本当に感謝しているんです」

いかがでしょうか。

Oさんの最後の、「いまとなっては、そのときの経験が全部、自分の血となり肉となっていて、上司にも心から感謝している」という言葉が、実はOさんの三十二歳～三十六歳の八方塞がりの線を薄くしているのです。

「その時の経験が、すべて自分の成長の糧《かて》だったんだ」と、感謝して振り返ることができたとき、それは、乗り越えることができた、ということです。

深見先生は、「神様は、解決できない試練を人にはお与えになりません。ですから、乗り越えられない問題はひとつもないのです」とおっしゃいます。

たとえその当時はつらかったとしても、そのときの経験を、余裕をもって振り返ることができるようになったら、それにともなって、その当時は濃かった障害線も、だんだん薄くなっていきます。

しかも、自分にとってすべていい経験だったと思ったその瞬間から、過去のできごともプラスに転じ始めるので、その過去からの人生が何倍にも開花するのです。

◈SさんとOさんの決定的な違い

それではここで、「Sさんの手相」と「Oさんの手相」を見比べてみたいと思います。

分かりやすいように、図47にお二人の手相を並べてみました。

流年は違いますが、両方とも、過去に「八方塞がりの相」が出ていることがこれでよく分かります。

もちろん、お二人ともに「太陽線」と「開運線」が出ています。

基本線はここでは細かく示していませんが、どちらも「M字が形成」されています。

ということは、基本的な運勢として、お二人とも十分幸せになる要素がある、と

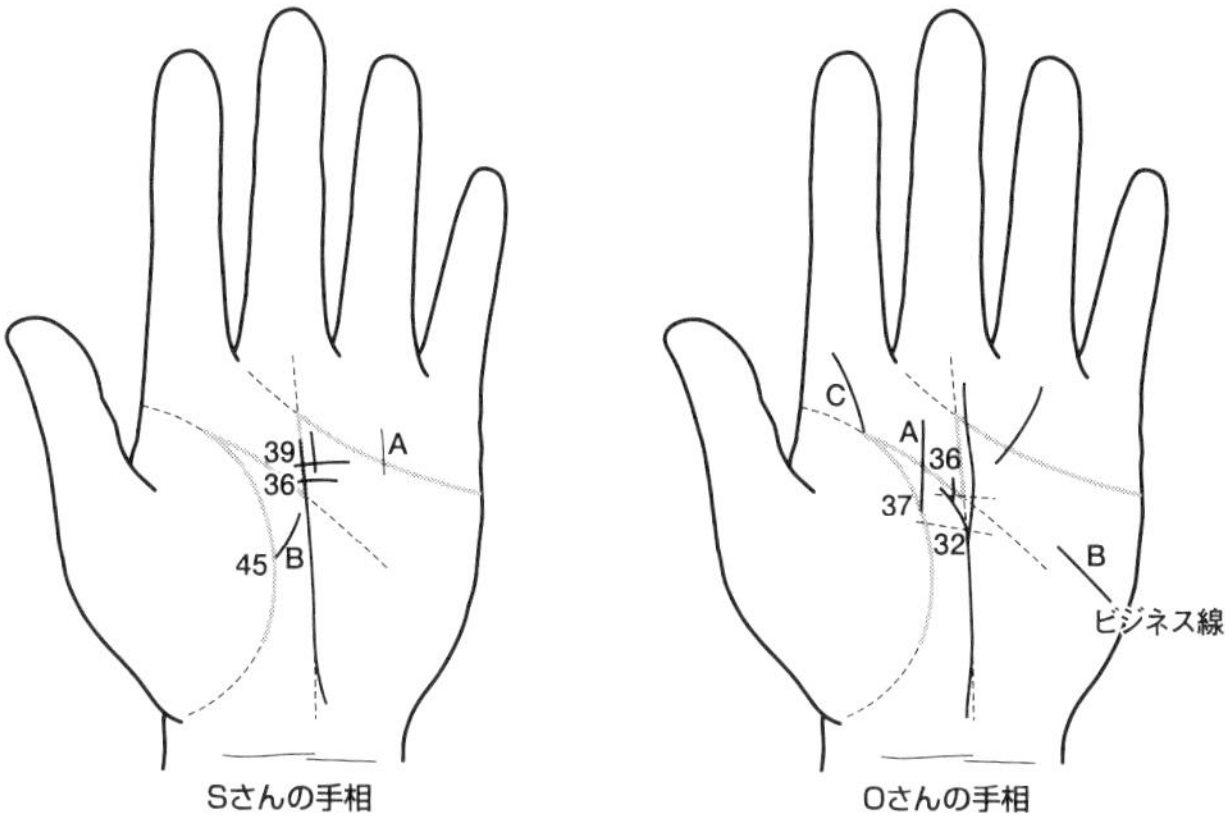

図47 ● SさんとOさんの手相を見比べてみると……

いうことです。

しかし、Sさんの手にはないけれども、Oさんの手にしっかりと入っている線が1本あります。

それは何かといいますと、第2章で紹介した「向上線」です（図47…Oさんの C線）。

実は、この「向上線」があるなしの違いがとても大きい、ということが、今回もよく分かるのです。

先述しましたように、Sさんはもう開運期に入っているのですが、今ひとつ開花していません。

というのは、本来持っている力をまだまだ出し切っていないからです。

Sさんのように、向上線の出ていない人は、本来自分がしなければならない努力を十二分にしない傾向があります。

もちろん、その人なりに努力はしているのですが、本当はもっとできるはずなのに、適当なところで、「これくらいでいいや」と妥協点を見つけて、自分を甘やかすところがあるのです。

だから、もっと開運していていいはずなのに、今ひとつ運の開ききっていない人が多いといえます。


これに対して、向上線の入っているOさんは中途半端を嫌います。

別名「努力線」といわれるこの線を持っている人は、目標を達成するためには何が何でもがんばる人で、特にOさんのように、向上線の長さが一センチ以上ある人は、その性格が一生変わることはありません。

ですから、極端にいえば、長い向上線の持ち主は、目標が達成できない自分が許せない人でもあります。

運がいい人かどうかを判断する基準はいっぱいありますが、**「向上線の持ち主は運がいい」**ということは、最近、特に感じているところです。

実際、**向上線のある人は、どんなことでも徹底的に追及していくので、自ら運を切り開いていく人が多く、結果、運のいい人生を歩んでいるのです。**

だからこそ、向上線のあるOさんは、厳しい上司に巡り合って徹底的にシゴかれても（もちろん、Oさんにも「ビジネス線…図45と図47のB」がしっかりと入っています）、負けずにがんばって、八方塞がりの時期にあったさまざまな苦労も、すべてを自分の糧にしているのです。

手相がずいぶん変わってきているのはそのためです。

特に目立つのは、「本来、三十六歳にあったはずの障害線が、もうほとんど消えている」ということです。
わずかに痕跡は残っていますが、ほとんど分からないくらいに薄くなっています。

このように、過去にあった苦しみも、その人の中で、
「あの苦労があったから現在の自分があるんだ。あの経験は自分にとって本当に必要だったんだ」
と素直に思えるようになり、しかも、感謝の気持ちが湧《わ》いてくると、過去の線もこのように変化していくのです。

この章の始めに、「いい線が、濃くなったり薄くなったりすることは、よく見られる現象でも、悪い線を短くしたり、薄くしたり、ましてや、消したりするのは、相当困難を極める」と申しましたが、悪い線をよくしていく具体的な方法を、この第3章で見ることができたと思います。

これこそまさに、バック・トゥ・ザ・フューチャーといえるのであり、この生き

方こそが、深見東州先生のおっしゃる「造命《ぞうめい》の法」なのです。

なお、「造命の法」とは、「命運《めいうん》を改める努力」のことで、修養することによって徳《とく》を積み、人間の生まれながらの命運《めいうん》と命式《めいしき》を改善していくことをいいます。

日々、新たなる自分の「命《めい》」をつくっていく努力こそが、本物の努力であり学問なんだ、ということです。

この内容をもっと知りたい方は、M美さんのところでご紹介した、深見先生の『新装版 運命とは、変えられるものです！』に詳しいですから、ぜひそちらをお読みいただきたいと思います。

◈八方塞がりはこのように変化していく

それでは、この章の最後に、八方塞がりの相が具体的に変化していく様子を、ある人の手相を通して見ていきたいと思います。

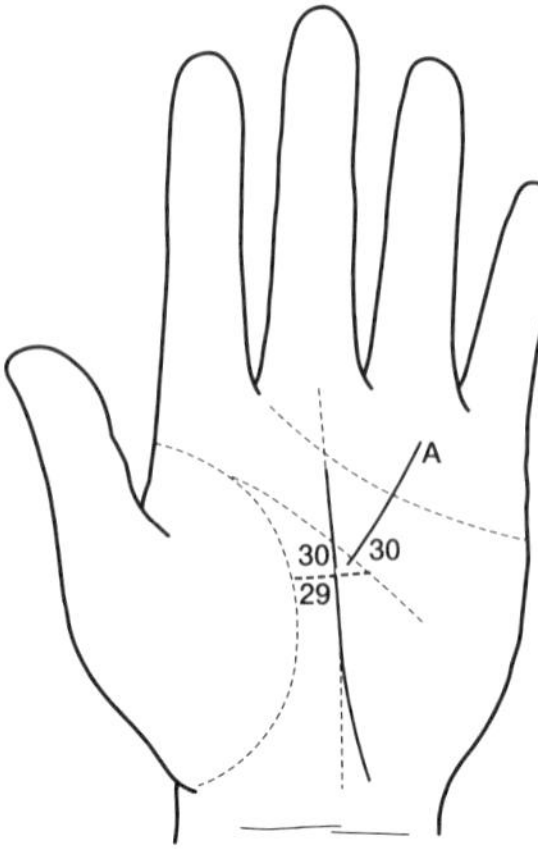
・30歳のときに伸び始めた太陽線が、だんだん長く濃くなっている
・29歳のときに出ていた障害線が薄くなっている
・30歳からの運命線がしっかりと伸びている

図48 ● Aさんの現在（45歳）の手相

Aさんという私の幼なじみの人がいます。

図48は、いま現在のAさん（四十五歳）の手相です。

あくまでも、八方塞がりの相が変化していく過程にしぼって確認していきます。

図49がAさん二十九歳の時のもので、図50はAさん三十歳のときのものです。

そこからさらに変化して、現在は図48のような手相になっています。

もちろん、その間には少しずつ変わっていった細かな過程がありますが、おおまかな流れとして、図49（Aさん二十九

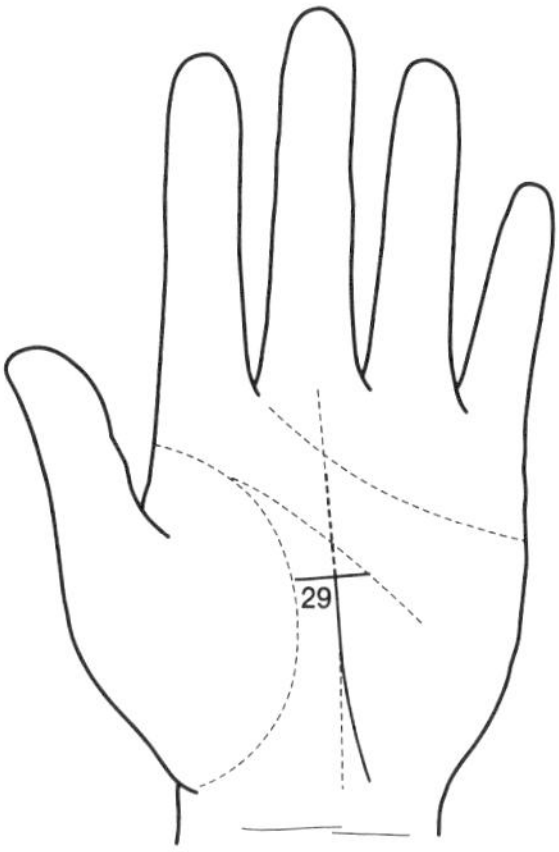
運命線29歳のとき障害線が入っていて、いったん完全に切れている。そこから先の運命線がとても薄い

図49 ◉ Aさん29歳のときの手相

歳）→図50（Aさん三十歳）→図48（Aさんの現在四十五歳）のように変化していった、というわけです。

Aさん二十九歳の図49を見れば、いかにAさんが当時、死にそうな状態だったかが分かります。

というのは、Aさんは二十九歳で、完全に人生が打ち止めになった可能性があるからです。

運命線が障害線にぶつかって途絶えていますから、まさにすべてが失われてしまった状態とみていいでしょう。

しかしAさんは、そこから希望を見出

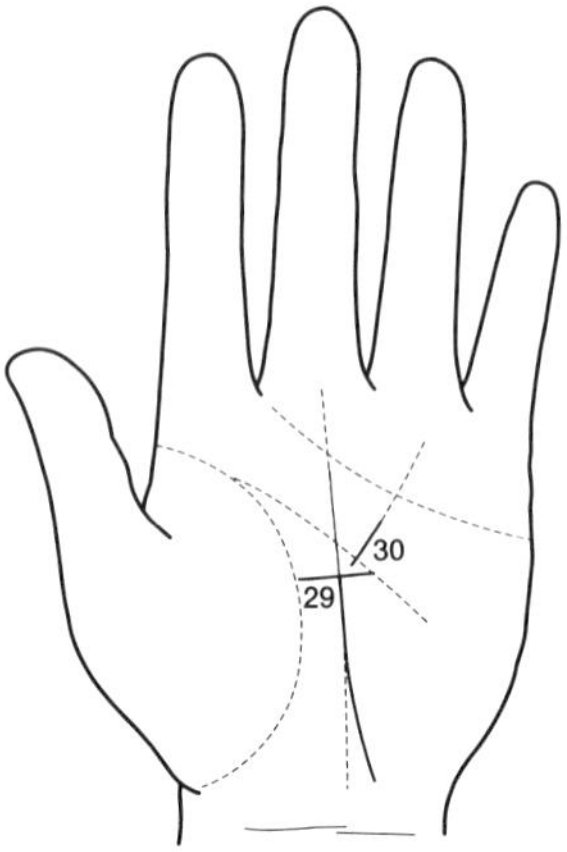

30歳のとき希望を示す
太陽線が伸び始める

図50 ● Aさん30歳の時の手相

したのです。

二十九歳のとき、自殺さえ考えていたと思われますから、まさに奇跡の大復活です。

心を持ち直してがんばっていったのが三十歳だということは、太陽線が伸びていることから分かります。

この太陽線は、Aさんが三十歳のときから伸び始めたものですが、そこからドンドン育っていき、現在は図48のAのような長さにまで伸びています。

ただし、それでもまだ、三十歳のころは八方塞がりの中にいますから、希望を持ちながら努力しても、すぐ壁にぶつかります。相当苦しい時期だったといえます。

Aさんは、何とかそれを乗り越えていったからこそ、だんだんと横の線（障害線）が薄くなっていきました。二十九歳のときに出ていた強烈な障害線が、ほとんどなくなっているのがお分かりいただけると思います。

つまり、Aさんの場合も、過去の線が変わっているのです。

ただし、ここまで大きな変化は、本人がいままでと同じレベルの努力をしていただけでは、なかなか起きないものです。

先ほどのSさんも、四十歳の後半で人生を激変させる大きなできごとがあり、「それまでの人生では想像もつかない大変化」が起こっているのですが、実は、ここに人生のシナリオを書き変えていく大きなヒントが隠されています。

次の章で詳しく見ていくことにいたしましょう。

第4章

自分の運勢が劇的によくなる法

◈好運期《こううんき》と衰運期《すいうんき》

この章では、前章までの内容を踏まえた上で、「運命とは何か」「運勢とは何か」という根本的なことにスポットを当てながら、人生のシナリオを素晴らしく書き変えていく方法を考えていきたいと思います。

第3章で登場したSさんとAさんの「それまでの人生では想像もつかない大変化」については、追って説明してまいります。

「障害線《しょうがいせん》」や「八方塞《はっぽうふさ》がりの相」、あるいは「島型《しまがた》」など、こうした危険信号が出ている時期は、別の言い方をすれば、「衰運期《すいうんき》」ということになります。

一方、「太陽線」や「開運線」など、運のいい期間は、「好運期《こううんき》（盛運期《せいうんき》）」ということになるのですが、実は、「好運期だけの人」はいませんし、もちろん、「衰運期だけの人」もいません。

つまり、誰でも、「好運期」と「衰運期」が訪れるのです。

これは、「陰《いん》極まりて陽《よう》、陽極まりて陰」という天地自然の法則に基づくもので、たとえば、季節の移り変わりで考えると分かりやすいと思います。

春、夏、秋、冬と季節は巡り、冬のあとには、再び春が訪れます。

どんなに冬が厳しくても、永遠に寒い日が続くわけではありません。

やがて、陽射しはだんだん暖かく、それにともなって、雪や氷が溶けて、植物は芽を吹いていきます。

そして、春から夏へとどんどん成長していきます。

これが、陽のエネルギーが盛んになる時期で、「好運期」にたとえられます。

しかし、陽の頂点である「夏至《げし》」を境に、また少しずつ日が短くなっていきます。

「陽極まりて陰」で、今度は陰のエネルギーが増していくのです。

秋分《しゅうぶん》で、昼と夜の長さが同じになって、さらにどんどん日照時間は短くなり、寒くなっていきます。これが「衰運期」にたとえられるでしょう。

一年で最も日が短くなるのは、十二月の二十二、三日頃で、この日を「冬至《とうじ》」といいます。

陰のエネルギーが頂点に達するわけですが、しかし、実はこの時、陰の中にすでに陽が生まれているのです。まだ、地上に形として現れるまでには時間を要しますが、無形《むけい》の世界では春が始まっています。

ですから、冬至の日は、「一陽来復《いちようらいふく》」と言われ、非常にめでたいものとされているのです。

手相でいえば、これが、**「八方塞《はっぽうふさ》がりの相」の人に、必ず未来に希望を示す「太陽線」が出ている原理**といえるでしょう。

ただし、それは、陰の中に生じた一陽ですから、うっすらとした兆《きざ》しでしか現れていないことがほとんどです。

しかし、注意深く見ていけば、必ず太陽線が出ています。

幕末の志士たちも本田宗一郎氏も、たぶん手相のことは知らなかったと思います。

ただし、どんな時でも、素晴らしい未来と将来を信じて希望を失わなかった、という点においては共通しているのです。

自分の人生においては、冬の寒さが永遠に続くものだと感じてしまいがちです。しかし、どんなに寒くても、「春がいつ来るのか」ということをきちんと理解できていれば、それに向けて、取り組むことが明確になってきます。

逆に、今は好調であっても、ちょっと肌寒さを感じれば、やがて来る冬に備えて、いろいろと準備しておくべきことに気がつくことでしょう。

冬の厳しさは同じでも、しっかりと食糧を確保して身支度を整えておけば、余裕を持って冬の時期を乗り越えていくことができる、というわけです。

◈命《めい》・卜《ぼく》・相《そう》が示すもの

占いには、古今東西さまざまな種類のものがありますが、大きく分けると、命《めい》・

卜《ぼく》・相《そう》の三種に分類することができます。

「命《めい》」というのは、生年月日や生まれた時間をもとに、一生を通じた運命の流れを割り出していくもので、四柱推命《しちゅうすいめい》や算命術《さんめいじゅつ》、西洋占星術などがこれに当たります。

「卜《ぼく》」というのは、易《えき》やタロットカード、ダウジングなどです。おもに道具を通じて、占う事柄とその答えをシンクロさせる占い方で、物事の吉凶《きっきょう》や細かい事柄を占うのに適した占いだといえます。

そして「相《そう》」ですが、「手相」「人相」「家相」「墓相」など、「相」で見る占いです。

「相」というのは、表に現れた物の形や形状を見ることによって占う方法です。

このように、占いのアプローチの仕方は、大きく分けて三種類あるわけですが、面白いことに、ある人を別の方法で占っても、だいたい手相に現れていることと一致することが多いのです。

たとえば、手相を見て、

「あなたは三十五歳で開運しますよ」

とお伝えすると、

「実は、四柱推命でも同じことを言われました」

ということが実際よくあります。

ただし、「命」で見る占いというのは、オギャーと生まれた瞬間の命式《めいしき》から運命を割り出していきますから、先天運《せんてんうん》にウエイトが置かれているといえます。

これに対して手相は、「先天運」と「後天運《こうてんうん》」を併せて、刻々に変わっていく運命の変化を読み取っていくものです。

しかし、どんな方法で占っても、やはり、「好運期と衰運期が交互に訪れる」という基本構造は共通しているのです。

「大殺界《だいさっかい》」「天中殺《てんちゅうさつ》」という言葉を聞いたことがある人は多いと思います。

ややもすると、恐いイメージがありますが、要するに「衰運期」のことです。

四柱推命では「空亡《くうぼう》」と呼ばれています。

なお、盛運期と衰運期のとらえ方について、深見先生は『究極の運命論』のなかで、次のように述べておられます。

「衰運期というのは、あの人はいま何をやってもだめだと、いま、何をやってもよくないなという時期。いわば、四柱推命で空亡期といわれるものです。このときには、何をやってもだめだというのですが、これはあくまでも人間の目から見た尺度でありまして、神様の目から見たらどうなのかといいますと、内面的なものを勉強し、内面的な自己というものを錬磨《れんま》して向上する時期、いわゆる、陰の世界を養成し、発展させるという気が盛んなときです。これが神様の目から見た衰運期の意味なのです。

あくまで盛運期と衰運期というのは、人から見た角度です。神様の目から見たら、内面的なものを磨く時期と、外に出て活動する時期、陰《いん》と陽《よう》の違い、ただそれだけなのです。いずれも好運気です。いずれも盛運期、いずれも、進歩、向上のときなのです。

人間は魂を練磨せんがために生まれてきていますので、内外両面の世界を練磨しなければなりません。ときには面白くないことがあったり、嫌なこと、不運なこともあるでしょう。しかしこれは、内面的なものを磨きなさいという時期なのであって、衰運期だからというわけではありません。（後略）」

いかがでしょうか。

好運期と衰運期についての正しいとらえ方と過ごし方が、明確になったのではないでしょうか。

◈インプットの大切さ

好運期は陽のエネルギーが盛んで、外に向かって発展していくべき時期です。

それに対して衰運期は、陰のエネルギーが盛んなときで、内面の進歩向上に努めるべき時期なのです。

この原則がしっかりと理解できていれば、流年に出ている「障害線」や「八方塞がりの相」の時期を、どう過ごせばいいかがハッキリするのではないでしょうか。

第3章で、M美さんとH男くんという、八方塞がりの真っ只中にいる人の鑑定例を紹介いたしましたが、**衰運期の正しい過ごし方から照らし合わせれば、自分を磨く絶好の機会ととらえ、いろいろなことを吸収するよう努めるべきときなのです。**

そういうことからいえば、「衰運期というのはインプットの時期」ともいえるでしょう。

そして、インプットで最も大切なのは**「真実の学問を積む」**ということです。

特に、人類が残した叡智《えいち》の結晶ともいうべき古今東西の古典《こてん》を読破したり、素晴らしい先人《せんじん》や賢者《けんじゃ》たちの生き方を学ぶことが、「真実の学問を積む」ということです。

古典というと漠然としすぎていますが、中国古典でいうと、『大学《だいがく》』『中庸《ちゅうよう》』『論語《ろんご》』『近思録《きんしろく》』『伝習録《でんしゅうろく》』などです。

日本の古典では、『古事記《こじき》』『日本書紀《にほんしょき》』『正法眼蔵《しょうぼうげんぞう》』『風姿花伝《ふうしかでん》』などでしょう。

昔の文章ですから、初めは抵抗があるかもしれません。

しかし、長い年月に渡って、読み継がれてきたものですから、言葉の一つひとつ、文章の一つひとつにエネルギーがあります。難しい文章でも、繰り返して読んでいくと、すべての言葉が心にしみ込むような感じがしてきます。

もし、取りかかりが難しければ、現代語訳のものもたくさん出版されていますから、そちらから読まれるといいでしょう。

さらには、素晴らしい偉人たちの生きざまを学ぶことも大切です。

歴史上の人物で心惹《ひ》かれる人がいれば、史実を調べたり、あるいは歴史小説を読んだりするのもいいと思います。

世の中で大きな役割を果たした人の人生には、必ず素晴らしいドラマがあります。

そして例外なく、試練に立ち向かい、それを乗り越えていった気概《きがい》性《しょう》などに気づかれることでしょう。

それを知ることは、心が折れそうになったときに、大きな力を与えてくれます。

◈先天運を決定する要素

「運命にはサイクルがあり、誰でも、好運期《こううんき》と衰運期《すいうんき》が交互に訪れる」ということは先述したとおりですが、人によって、サイクルの長短などはすべて異なります。たとえば、夏があっという間に終わって、いきなり冷え込む人もいるでしょうし、暖かい春の期間がずっと続く人、夏真っ盛りの期間が長い人、などなど、すべて違います。

人生のシナリオを素晴らしく書き変えていくことが大きなテーマではありますが、実は、「あらかじめ決められている大枠としてのストーリー」が存在することも、また事実です。

「人はなぜ、生まれつき人生のシナリオの骨格部分が決まっているのか」、また、「なぜ、人によって、運・不運に差があるのか」ということは、占いでは説明し切れない問題です。

しかし、人生のシナリオのドラマツルギーを分析してみると、そこには大きなヒントが見つかります。

最も基本となるのは「物事の因果関係」です。

物事はすべて、「結果」が現れるためには、必ず何らかの「原因」があります。

ただし、原因があればすぐに結果が現れるかというと、必ずしもそうではなく、そこにはいろいろな条件が含まれてきます。

この条件に当たるものが「縁」です。

したがって、「因《いん》」―「縁《えん》」―「果《か》」というのが基本的な流れとなります。

これを**「因果応報《いんがおうほう》の法則」**といい、運命を形成していく根本原理です。

しかし、一回の人生だけを見ると、必ずしもすべての因果関係が完結していないことが分かります。

どこかに「前編」があり、「本編」、「後編」がなければ、つじつまが合わなくなるのです。

そのとき、「前世《ぜんせ》、今世《こんせ》、来世《らいせ》」という魂の連続性が必然となってきます。

つまり、私たちには、それぞれ前世があって、その魂の連続性から、今回の人生の基本的なシナリオが決定されている、ということです。

私たちの命は、今世一回限りのものではありません。

私たちは、生まれ変わり死に変わりを繰り返して、魂を磨き続けているのです。

オギャーと生まれた瞬間に、すでに定まっている運命というのは、その人の前世に「因」となる要素があり、いろいろな「縁」を通じて、この世でさまざまな「果」となって現れてくるのです。

これが、因縁・因果、すなわち「因果応報の法則」の正しい理解ということです。

因縁というのは、その人の前世での行為と先祖代々の要因すべてが、複雑に絡みあって出てきますから、この世で形に現れている原因が、何であるかということを特定するのは、そう簡単なことではありません。

しかし私たちは、「自分の前世からの因縁」と「先祖代々の因縁」によって、運命の骨格部分が決定されているのです。

たとえば、日本に生まれたこと、男として生まれてきたこと、女として生まれてきたことも、決して偶然ではありませんし、ある家の両親の元に生まれてきたのも、すべて因があり、縁があってのことです。

ですから、「もっと違う家に生まれてくればよかった」「なんでもっと裕福な家に生まれなかったんだ」などと思ってみても仕方がありません。

運命と宿命を素直に受け入れて、それをより発展させていくための後天的な努力をし続けていくことで、一人ひとりのシナリオも、より完成度を増していくのです。

◈「善因善果《ぜんいんぜんか》、悪因悪果《あくいんあっか》」が基本原理

運命というものを考えるとき、絶対に踏まえておかなければならないキーワード

があります。

それは「徳《とく》」と「劫《ごう》」です。

前世《ぜんせ》において私たちが行ったことは、因果応報の法則に基づいて、さまざまな形となって、この世での運命に大きく影響を及ぼしますが、大きく分ければ、「プラスの影響」と「マイナスの影響」があります。

つまり、「いい行いをすれば、プラスの結果が返ってきます」し、「悪いことをすれば、マイナスの結果となって現れる」ということです。

これを、「善因善果《ぜんいんぜんか》、悪因悪果《あくいんあっか》」といいます。

前世《ぜんせ》から今世《こんせ》へと連続して作用する運命の基本原理といえるでしょう。

「徳」というのは、「善因」にあたるものです。

よく「天の蔵《くら》に徳を積む」と言いますが、「世のため人のために益《えき》すること」を行ったその行為は、すべて「徳」となって積み上げられていき、その人の人生を豊かにし、実り多いものへと導いてくれる「目に見えない幸運エネルギー」として働きます。

一方、人を傷つけたり害を及ぼしたりしたことは「悪因」となり、「刧《ごう》というマイナスエネルギー」として積み上げられていきます。

たとえば、前世《ぜんせ》で悪事を働き、そのまま罰せられることなく逃げきったとしても、その罪は絶対に消えることはありません。

また、人は誰でも、生きていく中で、善いことも悪いことも両方をしています。

「えっ⁉ 自分は悪いことをしたのかなあ」

という人も、知らず知らずのうちに犯してしまった罪というものがあります。

ですから、私たちはみな、徳《とく》も刧《ごう》も両方を持っているのです。

「徳だけの人」もいませんし、「刧だけ背負って徳がまったくゼロ」という人もいないわけです。

ただし、人によって、その絶対量にはかなりの差があることは間違いありません。

徳分が多ければ多いほど、その人は今世《こんせ》、さまざまないい条件に恵まれ、人生を大きく花開かせていく可能性が高いことになります。

実は、手相にもこれはしっかりと現れています。

第1章で「丘《おか》」について説明いたしましたが、丘のふくらみは、すべて先天的《せんてんてき》に決まっていて、一生を通じて変わることはありませんが、これは前世《ぜんせ》の徳分《とくぶん》の量によって決定されるものなのです。

それに応じて、星からの幸運エネルギーがあらかじめ蓄積されています。

ですから、丘がふっくらと盛り上がっている人は、生まれつき運に恵まれることになるわけです。

また、「最高の太陽線」の持ち主についても、第1章でご説明したとおりです。

◈徳積みは今からでも十分間に合う

逆に、いいことをいっぱいしても、運がよくなったと自覚できない人もいることでしょう。

それはなぜかというと、「人それぞれに背負っている劫《ごう》の絶対量が違う」からです。

前世《ぜんせ》で悪徳の限りを尽くしてきた人は、一生懸命に徳《とく》を積んでも、

「最悪の状態が、少しずつ改善されているのかなあ」

くらいにしか、実感できないかもしれません。

それは、「徳《とく》というプラス」と「劫《ごう》というマイナス」を相殺勘定《そうさいかんじょう》すると、劫のマイナス面が多すぎて、少々、徳のプラスを補充しても、幸福のバランスシートが黒字にならないからです。

では、そういう人は、どんなにがんばっても、人生を大きく開いていくことはできないのでしょうか。

いいえ、決してそんなことはありません。

第1章でご紹介したNさんの話を思い出していただきたいと思います。

「このままでは弱々しい人生になってしまうだけではなく、ますます先細りの人生を歩んでしまうおそれのあった」Nさんは、毎日真心を込めて、ボランティアの活

動を続け、さらには、その施設内のお掃除、特に、トイレを毎日ピカピカに磨き続けたことによって、運勢が激変して、大開運しました。

これは、「Nさんが徳分を積んだからだ」という説明でしか成り立たないのです。

実際、Nさんの手相の変化が、そのことをハッキリと物語っています。

徳《とく》というのは、「『人によかれ』という純粋な真心をもって、世のため人のためにする行い」のことです。

ですから、もともとの徳の量がそれほど多くない人でも、今世《こんせ》でがんばって徳を積んでいけば、人生のシナリオを大きく書き変えていくことが十分に可能なのです。

しかも、自分の劫《ごう》に負けないで、一生懸命にがんばっている姿は、神様や守護霊《しゅごれい》様が最も愛《め》でてくださる行為なので、その人の人生が何倍にも開花できるよう、また、よりいっそう徳が積めるように導いてくださいます。

やがて、マイナス面が清算された暁には、その人の前世《ぜんせ》の素晴らしい才能や素質が大きく開くように、必ず守護してくださるのだそうです。

このあたりの詳細については、私の尊敬する深見先生の『大天運《だいてんうん》』（たちばな出版刊）という本に明確に書かれていますので、興味のある方は、ぜひお読みいただきたいと思います。

なお、Nさんと一緒に来ていた上品な女性の手相も、実は、拝見させていただきました。なんとその女性には、「最高の太陽線」が出ていました。

これについては、第1章で説明したように、大きな徳分《とくぶん》をもって生まれてきた人にしか出ていない線で、千人いて一人いるかいないかくらいにスゴイ線です。

つまりNさんは、**それだけ素晴らしい相手と一緒になるだけの徳分を積んだ**、ということなのです。

深見先生が『恋の守護霊』（TTJ・たちばな出版刊）という本の中でおっしゃるように、**人は日々の努力によって命運《めいうん》が開かれ、高められていきます**。ですから、**努力を積めば積むほど、魂が磨かれて神霊的にも成長しますので、いい人との縁ができる**のです。

◈衰運期こそが正念場

因果応報《いんがおうほう》の基本原理は、「善因善果《ぜんいんぜんか》、悪因悪果《あくいんあっか》」です。

前世《ぜんせ》に徳《とく》をたくさん積んだ人は、その徳分によって幸せな人生を歩んでいけますが、逆に、徳よりも劫《ごう》をたくさん積んでしまった人は、突然の事故や災害、ケガや病気、お金の悩み、失恋、人間関係で苦しむなど、不運なできごとが身の回りに起きる可能性が高いといえます。

実は、手相に出ている危険信号は、それらの災難が、いつどんな形で現れるのかということを教えてくれているのです。

それが、人それぞれの「衰運期」というとらえ方になるわけです。

しかし、前世《ぜんせ》で積んだ劫《ごう》に基づく「衰運期」であるならば、それはどんなに逃れようとしても、逃げおおせるものではありません。

実は、前世で積んだ劫《ごう》が形となって現れるのが不運の原因ですが、それらを乗り越えていくプロセスをとおして、劫を抹消しながら、同時に、御魂《みたま》磨きもしているのです。

ですから、苦に遭遇《そうぐう》したとき、絶対に折れてはいけません。

自分の悪因縁が原因しているならば、勇気をもって立ち向かっていくべきなのです。

深見先生は、「劫の抹消法には二種類ある」とおっしゃいます。

一つは、「自ら苦しむことによって劫をあがない、抹消する」というものです。

つまり、自分で蒔《ま》いた種は、自分でキッチリと刈り取らなければならない、ということです。

しかし、その苦しむなかで、自分の魂に焼きつけたすべての経験が、魂の栄養となり、よりいっそう豊かな人生を生きていくうえでの糧《かて》になるのです。

そしてもう一つは、「劫に匹敵するだけの徳分を積む」ということです。

なお、深見先生がもっとも理想的な劫の抹消法としておっしゃるのは、「苦しみ

ながら同時に徳《とく》を積んでいく」というものです。

つまり、「**苦しみを単なる苦しみとして終わらせるのではなく、徳を積むための苦しみに変える**」ということであり、カルマという思いに絶対に負けていないで、**徳積みに大和魂《やまとだましい》をギラギラ輝かせて立ち向かっていく**」という方法です。

「八方塞がり」の期間は、何をやってもうまくいかず、いままでの自分が通用しないときですが、それは、自分が前世《ぜんせ》で蒔いた種をキッチリと刈り取らなければならない時期でもあるのです。

ですから、たとえ「八方塞がり」の期間が長くても、絶対に逃げてはいけません。必ず超えなければならないテーマですから、逃げても、何度でも襲ってくるでしょう。

それは、若いときに超えてしまったほうが、よほどこれからの人生が有意義になります。ですから、かなり長期に渡って苦しむ人もいますが、これは「自分に課せられた、絶対に超えなければならないテーマなんだ！」と腹をくくって、乗り越えていくしかありません。

なお、この時期に努力したことが、すぐ形に表れなくても、自分の内面には間違いなく蓄積されています。

人は何でも物事がスイスイと運んでしまえば、努力をしなくなってしまうものです。思い通りにはならない障害があるから、それを乗り越えていくために歯を食いしばってがんばり、また知恵や工夫を凝らしていくのではないでしょうか。

自分が苦しい体験や経験をすれば、人の悲しみや痛みの分かる人になれます。劫《ごう》を抹消する期間は確かに苦しいですが、人間として成長していくために、多くのことを学べる大切な期間です。

ですから、「天が与えてくれた尊い試練」だと思って、雄々《おお》しく、喜んで乗り越えていくことが大切なのです。

またこういうときは、「高い志《こころざし》を持ち続けることがとても重要」になります。

志のない人は、どうしても苦しみから逃れようとしますから、結局大きく伸びていくことができません。

もちろん、高い目標にチャレンジすれば、それだけ克服しなければならない課題も多くなるので、苦しみが大きくなるかもしれませんが、そうすることによって、どんどん劫《ごう》が抹消されていき、同時に、自分の魂にプラスの記憶が焼きついていきます。

それはすべて、自分の宝物になるのです。

その宝物は、今世《こんせ》はもちろんのこと、霊界に行っても、また、来世《らいせ》生まれ変わってきたときでも、すべては、自分の才能として持ち越すことができるのです。

◈どんな試練も必ず乗り越えられる理由

そう考えていくと、「八方塞がり」の衰運期が、私たちの人生にとって、いかに**大切な役割を果たしているか**、がお分かりいただけるのではないでしょうか。

だからこそ、「衰運期の過ごし方こそが最大のポイントである」といえるのです。

しかし、そうは言っても、高い志を持って試練を乗り越えていくのは、そう簡単なことではありません。

やることなすことが、ことごとく壁にぶつかっていては、すべてを放り出してしまいたくなることもあるでしょう。

ただし、第2章でも述べましたように、どんな困難に見えても、その人が必ず乗り越えられる分だけの試練しか与えられていないのです。

つまり、「ある時期に抹消すべき劫《ごう》の配分はキチンと計算されている」ということです。

なぜならば、神様はその人をダメにするためにシナリオを組み立てているわけではないからです。

一人ひとりが立派に成長するよう、あらゆる方法で見守り、援助の手を差し伸べてくださっているのです。

それが「他力《たりき》の応援」です。

他力というのは、目に見えない存在の方たちですが、一番私たちの身近にいて、きめ細かく働いてくださるのが守護霊様《しゅごれい》です。

守護霊様のお働きについては、前の二冊の本に、相当詳しく書きましたので、ぜひそちらを参照していただきたいと思いますが、ここで強調したいのは、「人生のシナリオにも守護霊様が深く大きく関わっている」ということです。

どうすれば私たちが劫《ごう》を抹消し、徳《とく》を積みながら人生を立派に開花させていくことができるかを、より高い見地からみて、私たちを導いてくださっているのです。

というのは、「守護霊様の役割は魂の教育係」だからです。

◈自力《じりき》＋他力《たりき》で人生のシナリオを書き変えよう

なお、神様も守護霊様も、いつも私たちを見守ってくださっているのですが、何でもかんでも手を差し伸べてくださるわけではありません。

当然、怠けている人にはそっぽをむいてしまわれるでしょう。

また、「自分さえよければいい」という心根も、大変お嫌いになります。

神様や守護霊様は、高い見地から、私たちみんなの幸せを願っておられます。

だからこそ、「われもよし、人もよし」という気持ちが大切なのです。

どんなときでも、自分だけではなく、周囲すべての人が幸せになるよう、神様や守護霊様に祈り向かっていくことが重要です。

そして、もう一つ大切なことは、「人間としてできる精一杯の努力をする」ということです。

人生の主役はあくまでも「私たち」です。

神様や守護霊様からの応援をいただきながら、人間としてできるあらゆる精進努力をしていけば、まさに「自力《じりき》」プラス「他力《たりき》」によって、大きく成長していくことができるのです。

◈なぜ過去の障害線が消えたのか

では、手相の話に戻りましょう。

第3章でご紹介したOさんの手相を思い出していただきたいと思います（図45）。「八方塞がりの真っ只中にいたころは、図46のように、障害線が濃かった」ことと、「本来、三十二歳〜三十六歳にあったはずの障害線が、ほとんど消えてなくなってきた」ことについては、すでに確認いたしました。

これはOさんが、「**いまとなっては、そのときの経験が全部、自分の糧《かて》となっていて、すべてに感謝している**」からですが、それはつまり、「**Oさん本人の中で、過去の意味が変わった**」ということです。

未来に出ている線は、たしかによく変化いたします。

ただし、過去の線はすでに起きてしまったことですから、普通は変化しないものです。それではなぜ、Oさんは過去の線が変わったのでしょうか。

実は、第3章で紹介した鑑定中の会話以外で、Oさんは、

「私は、『これまであった辛かったことや苦しかったことが、すべて自分の将来の糧となって活かされますようにどうかお導きください』と、ある時期、毎日のように、神様や守護霊様に祈り続けていたんです」

ともおっしゃっていたのです。

私はそのとき、「なるほど、そうだったのか」と、とても感心いたしました。

実は、Oさんのこの祈りは、とても大きいのです。

この時期、Oさん自身が努力を続けていたことはもちろんですが、「自力《じりき》プラス他力《たりき》」の力で、Oさんの運命が大きく変わっていったことは間違いないでしょう。

深見先生は、「**自力と他力が十字に組むことが大切である**」とおっしゃいます。

自力だけに頼ると、我の強い人間になる恐れがありますし、他力だけに頼ると、依頼心の強い、主体性のない人間になってしまう可能性があります。

もちろん、たとえ手相が変わっても、過去にあった事実そのものは変わりませんが、**本人の中で過去のできごとに対するとらえ方が変われば、現在も変わってくるのです。過去が変われば現在が変わり、現在が変われば未来も変わります。**

Oさんは、過去にさかのぼって、そこから現在と未来が変わってきたわけですから、これこそ本当の「バック・トゥ・ザ・フューチャー」だと思うのです。

Oさんの祈り方のポイントは、「将来の糧となって活かされますように」というところです。だからこそ、過去の障害線がほとんどなくなっただけではなく、太陽線もぐんぐん伸びてきたのでしょう。まさしく、「過去の苦労を養分として、幸福の木が育っている」のです。

このように、「祈りの力」はハッキリと手相にも現れます。

◈失敗を無駄にしない祈り方

日々の生活の中で、私たちは、すべてを完璧に処理できるとは限りません。気をつけているつもりでも、ついうっかりミスをしたり、一生懸命にやった仕事でも、肝心なところが抜け落ちてしまったりというような経験は、多かれ少なかれ、誰にでもあるはずです。

こんなとき、次のように祈る方法があることを、深見先生からお聞きしたことがあります。

「この失敗は、私が立派な人間になるために、神様が経験させてくださった尊い経験なんですよね。本当にありがとうございます。これからますます精進いたしますので、何とぞ、そのように導いてください」

つまり、失敗を単なる失敗と思わず、すべては、自分を鍛えるために神様が体験させてくださった尊い経験なんだと思って、神様にお礼を言うのです。

単なる不注意によるミスが原因だったのかもしれませんが、神様は本人が真剣にこのような祈りをし、何倍にも挽回するよう具体的な努力をしていたら、

「もともとは、そういうつもりではなかったけれども、お前がそこまで言うのなら、軌道修正してやろう」

といって、過去にさかのぼって、そこから軌道修正してくださるというのです。

これはスゴイことです。

もちろん、毎回この祈りが神様に通用するとは限りません。

この祈りを神様が以前聞き届けてくださったからといって、自分の怠慢《たいまん》や油断《ゆだん》が原因で失敗したときに、安易な気持ちで祈っても、それは絶対に聞いてはくださらないでしょう。

人としてできる最大の努力（自力《じりき》）をした上で、神様に真心込めて祈り、神様からのお働き（他力《たりき》）があって、初めて奇跡が起きるのだ、ということが、今回の事例からもよく分かります。

もしも、祈らなかったらどうなっていたのか……。

深見先生にお聞きしたところ、神様は、

「軌道修正はしなかった」

ということです。

お祈りをしながら前向きに生きることがいかに大事か、ということが、このことからもよく分かります。

◈天津祝詞《あまつのりと》のすごいパワー

日本古来の神道《しんとう》では、お祈りをするときに「祝詞《のりと》」というものを奏上《そうじょう》いたします。

皆さんも神社で、「交通安全」とか「家内安全」「厄払い」などのご祈祷《きとう》を上げていただくとき、神主《かんぬし》さんが丁寧《ていねい》な祝詞を奏上しているのを聞いたことがあると思います。

江戸時代の国学者・本居宣長《もとおりのりなが》は、「宣説言《のりときごと》の省略で、神に申し上げる言葉」と定義づけていますが、いずれにしても、言葉に霊が宿るとする「言霊《ことたま》」信仰をしてきた日本人は、祝詞を奏上し、謹聴《きんちょう》することで、神様と意思を通じ合えると考えてきたようです。

なお、「祈る内容のすべてを祝詞に織り込む」のが、一番丁寧なお祈りの仕方なのでしょうが、私たちは神職ではありませんから、なかなかそこまではできません。

しかし、祈りのはじめに、「天津祝詞《あまつのりと》」という祝詞を唱えると、気分もおごそかになり、祈りに情感が込めやすくなります。

天津祝詞とは、「高天原《たかあまはら》にいらっしゃる天津神《あまつかみ》、そしてこの世にあらせられる国津神《くにつかみ》、すべての神々に対して、人間界の汚れ、罪を清めていただくことを願い奉《たてまつ》る祝詞である」と、深見先生は『全国の開運神社案内』（ＴＴＪ・たちばな出版刊）という本のなかで述べておられます。

それだけ、「天津祝詞」には、ものすごいパワーがあるのです。

実例をご紹介しましょう。

皆さんも、カラオケに行くことがあると思いますが、カラオケの部屋に入ると、何かモワーッと空気が淀《よど》んでいるような感じがした、という経験はありませんか。

カラオケボックスは、いろいろな人が出入りしますし、みんな歌を歌ってストレスを発散します。

「あー、歌ったらスッキリした」

とか、

「歌っているうちに、元気が出てきた」

といって帰って行きます。

それはなぜかといいますと、その人についていた邪気《じゃき》や暗い念、重たい念などが、歌っているうちに本人から離れていくからです。

では、その離れた邪気や念はどうなるかというと、そのままカラオケボックスに残ってしまうのです。

これが、部屋に入ったときに「モワーッ」とする原因です。

こういうとき、天津祝詞を唱えますと、たちまちその場は神霊空間に変わり、空気が澄んでいきます。

ほんとうに不思議ですが、天津祝詞の祓《はら》いのパワーを誰もが実感できます。

しかし、店員さんがいるにもかかわらず天津祝詞を上げていたら、奇異な目で見られますから、あくまでもコッソリと上げてくださいネ。

このように、天津祝詞はすごい祓いのパワーをもっていますから、奏上するだけで、邪気《じゃき》・邪霊《じゃれい》がパーっと祓われていきます。

実は、家で掃除をするときも、天津祝詞を唱えながらするといいのです。

掃除は、家運をアップさせる超基本的な開運法です。

掃除をほとんどしない家は、邪気《じゃき》・邪霊《じゃれい》の巣窟《そうくつ》になってしまいます。

大事な書類をどこに置いたか分からなくなってしまったり、ちょっとしたケガをしやすくなったり、ささいなことで口げんかをするようになってしまったりなど、とかく、家に邪気・邪霊がいると、ロクなことが起きません。

ですから、家運をよくしようと思ったら、掃除をするのがベストです。

さらに、天津祝詞を唱えながらお掃除をすれば、祓いの効果は格段にパワーアップすることでしょう。

以前、ある人が天津祝詞を上げながら家のお掃除をしていたら、この世のものとは思えない「いい香り」が部屋中に立ちこめてきたそうです。

その香りは、一瞬にして消えたそうですが、きれいな空間に神様がいらっしゃるという何よりの証拠でしょう。

天津祝詞を唱えながら体を洗うのも、実はものすごい開運法です。

神職の方は、大事な神事《しんじ》の前には、必ず斎戒沐浴《さいかいもくよく》をして身を清めますが、祝詞を上げながら体を洗うと、それと同じ効果が得られます。

その際、ただ単に汚れを洗い落とすのではなく、「知らず知らずの間に身に付いてしまった罪や穢《けが》れをも、すべて洗い流してください」といって、天津祝詞を上げるといいそうです。

◈マンションの怪

「先ほどから、天津祝詞《あまつのりと》のことを説明してくれているのはいいんだけど、それはどこに載っているの？」

こんな質問が飛んできそうです。

天津祝詞は、深見先生の『大金運』（ＴＴＪ・たちばな出版刊）という本の巻末に掲載されています。全部、振り仮名がふってありますから、初めての方も読みやすいと思います。

それから、深見先生がご神霊と一体となって奏上されている「正調・天津祝詞」が、ワールドメイト会員限定品としてＴＴＪ・たちばな出版から出ています。

以前、こんなことがありました。

九州で、私のところに相談に来られた五十歳の男性の話です。

ただし、その男性は手相鑑定を受けに来たのではありません。

私と深見先生の本を読んで、「あなたに相談すれば、何か分かるんじゃないかと思って来た」と言うのです。

ことの発端は、その方の奥さんが妙なことを言い出したことです。

ご夫婦でマンションに住んでいるのですが、毎夜二時頃になると、部屋の中を誰かが横切っていくのだそうです。

夫婦の寝室を横切って、そのままキッチンに行くような気配がして、しかも、冷蔵庫を開ける音が聞こえたというのです。

男性はまったく気づかなかったそうですが、奥さんが気づいて、「ちょっとあなた、見てきて」と言われて、ご主人がおそるおそる台所に行ってみると、人の姿はなかったものの、冷蔵庫の扉が開いていたそうです。

もちろん、玄関の鍵はしっかりと掛かっているし、窓もちゃんと閉まっています。部屋はマンションの七階ですから、人が入ってくることなど考えられません。

ご主人はヴォッーとして、本屋さんでいろいろ調べているうちに、私と深見先生の本に行き当たり、巻末の連絡先一覧を頼りに、私のところを訪ねてきた、というわけです。

話を伺って、私は、深見先生の「天津祝詞」のCDのすごさをお話ししました。

その男性は、早速試したそうです。

それから一カ月ぐらい経ったころ、ご夫婦そろって、手土産を持って挨拶《あいさつ》に来られました。

「水落さん、どうもありがとうございました。おかげさまで、例の件が解決いたしました」

男性の話はこうです。

天津祝詞のCDを一晩中かけていたら、それまで毎晩部屋を横切っていた何者かが、いっさい入って来なくなったそうです。

その代わり、毎日夜中の二時ごろになると、ガンガンという音が、玄関のほうから聞こえてくるようになったのだそうです。風にしては強すぎるので、「天津祝詞のおかげで、その何者かが、部屋に入れなくて扉を叩いているのでしょう」とおっしゃっていました。

それでも気味が悪いので、お二人は引越しを決意されたようです。

しかし、

「毎日、不動産を回っているんですが、なかなかいい物件がなくてねえ」

と、お困りの様子です。

そこで、

「護摩木《ごまき》というのがあって、それに願いごとを書いてお焚《た》き上げしてもらうと、すごい効果がありますよ」

と、お話しいたしました。

これは護摩祈願といって、密教《みっきょう》で護摩を焚いて加持祈祷《かじきとう》を行い、人々の願いを叶えるというものです。千葉県の「大本山成田山《なりたさん》新勝寺」などでは、毎日たくさんの参詣者《さんけいしゃ》がお護摩を焚いていただいていますが、それと同じです。

ご夫婦は、早速、護摩木に願いごとを書いて帰っていかれました。

すると、今度は一週間後に、またまたご夫婦そろって、以前よりもたくさんの手土産を持って、私を訪ねて来られました。

「いやあ、水落さんのおかげで、あれからすぐにいい物件が見つかりましたよ」

というのです。

「ところがその際、とんでもないことが分かりました」

ともおっしゃいます。

七階のマンションは新築で購入したものの、相場よりも相当安い値段で購入したそうです。そのときは何も考えずに買ったのですが、実は、マンションのオーナーがある事実を隠していたのです。

つまり、その部屋はマンションを売りに出す前に、浮浪者が侵入して、そのまま餓死していた、というのです。それがちょうど、冷蔵庫を置いていた位置だというのです。

ご夫婦は、「なんでそんな重大なことを隠していたんだ」と、オーナーに相当詰め寄ったそうですが、たしかにそんなことを言えば、誰も買い手はいないでしょう。

しかしそれにしても、天津祝詞と護摩木のすごい威力を、改めて知らされた気がします。

◈想念が呼び寄せる霊

霊が見えたり、音が聞こえたりすることは、別に珍しいことではなく、そういう方は結構いらっしゃいます。

ごく普通に生活されている方の中にも、ある程度の割合で、霊が見えたり、聞こえたりという方がいることは確かです。

ただし、これは体質的な問題で、その人が優れているとか、優れていないとかということではありません。

しかし、見える見えないに関わらず、どなたにも必ず霊はついています。

たとえば、守護霊《しゅごれい》です。

守護霊は先述したとおりですが、物事にはすべて陰陽《いんよう》がありますから、私たちを幸せに導いてくださるありがたい霊ばかりでなく、運命にマイナスの影響を及ぼす霊も、やはり存在しています。

一般に悪霊《あくりょう》と呼ばれているものですが、たいていの人は、自分にこうした霊が憑《つ》いていることに気づかないまま生活しています。

たとえば、浮遊霊《ふゆうれい》とか地縛霊《じばくれい》という言葉をどこかで耳にしたことはないでしょうか。

浮遊霊というのは、自分が死んだことを自覚できずにこの世をウロウロしている霊です。あるいは、本人が霊界の存在を知らなかったり、否定したりしているために、肉体を失ったことに違和感を感じて、どこへ行っていいか分からずに、さまよっている場合もあります。

地縛霊というのは、土地や家への強い執着を持っていることによって、あの世に旅立てなかったり、突然の事故や自殺で死んだ場所に縛りつけられたりしている霊です。

こうした不成仏霊《ふじょうぶつれい》は、特に悪意を持っているわけではないのですが、何かのはずみに通りがかりの人間に憑くことがあります。すると、急に気分が重くなったり、体調を崩したりする場合がありますので、注意を要します。

自殺の名所と呼ばれているようなところには、浮遊霊や地縛霊がウヨウヨしていますから、そういう場所に近寄ってはいけません。ましてや、心霊スポットと言われているようなところを、面白半分に見にいくのは非常に危険です。

なお、本人の想念がこうした悪霊を引き寄せてしまう場合もあります。

霊というのは、人間が肉体を失って「思い」だけが残った存在です。

死んだ後、霊界に旅立たずに、この世をフラフラとさまよっている霊というのは、だいたい生きていた時も、主体性がなく周囲に流されやすい性格だったといえるでしょう。

ですから、そういう霊がどんな人に憑《つ》きやすいかというと、やはり同じように、目的が定まらずにフラフラとしている人なのです。

「類は友を呼ぶ」といいますが、暗い人には暗い霊が、冷たい人には冷たい霊が憑きやすくなります。

意志力を持って、力強く生きている人には、あまり浮遊霊の類は寄りつきません。

また、いつも明るく前向きな気持ちでがんばっていれば、多少の霊障《れいしょう》も跳ね返すことができるのです。

◈なぜ先祖供養が必要なのか

本人の意志と想念の持ち方で、ある程度、悪い霊を寄せつけないことができることはいま学びました。

しかし、それだけではどうにもならない問題があることも、知っておく必要があります。

人は皆、それぞれに前世《ぜんせ》での徳《とく》と劫《ごう》に見合った形でこの世に生まれてくることや、「個人の前世の因縁」と「家代々の因縁」の両方を背負って生まれてくる、ということについては、すでに述べたとおりです。

この世に生まれるためには肉体が必要ですから、誰でも必ず、お父さんとお母さんがいます。私たちはそれぞれの両親から、いいところも悪いところも、目に見えるものも見えないものも、すべてを受け継いでいるわけです。

ですから、たとえば、子どもの顔が親に似るのも、因縁といえば因縁ということになります。もちろん、お父さんにもお母さんにもそれぞれ両親がいて、その両親にもそれぞれ両親がいて、そのまた両親にもそれぞれの両親がいて、というふうに、どこまでもさかのぼっていきます。

なお、当然、いい霊界に行っているご先祖さんもいれば、いい霊界に行っていないご先祖さんもいます。

いい霊界に行っているご先祖さんのなかでも、特に、生前、徳《とく》を積んで高い霊界に行き、さらに修業を積んで神様から認可をいただいているのが守護霊《しゅごれい》様です。

ただし先祖というのは、さかのぼっていけば、膨大な数になりますから、中にはあまりいい霊界に行っていない先祖もいます。そこで供養《くよう》ということが必要になってくるわけです。

以前聞いた話では、十代さかのぼると先祖の数は約二千人。二十代さかのぼりますと約二百万人、そして、なんと二十六代さかのぼると、先祖の数は一億人を超えるのだそうです。

この数字を聞けば、「確かに悪いことをして、地獄に堕《お》ちている先祖もいるに違いない」と思えるはずです。

日本では伝統的に先祖供養が行われてきました。

だから先祖の霊は、「自分も供養してほしい」と思っているのです。

その気持ちを伝えるために、子孫にいろいろな信号を発してくる場合があります。

これを「先祖の戒告《かいこく》」といって、目や耳、鼻、喉など、首から上の症状となって現れることが多いのが特徴です。ひどい肩こりもだいたいの場合は先祖霊です。

いずれにしても、誰にでも必ず先祖はいるわけですから、先祖供養というのはとても大切です。

特に、お盆と三十三回忌《かいき》までの供養はきちんとしたほうがいいでしょう。

なお、正しい先祖供養の方法については、深見先生の『強運』『大除霊』に詳しいですし、『図解　入門　先祖供養ノート』(正しい先祖供養研究会／TTJ・たちばな出版）にも、分かりやすく掲載されていて、とても参考になります。

◈霊の恐ろしさ

霊が運命に及ぼす影響を考えたとき、もう一つ忘れてはいけない重要な問題があります。

先祖霊というのは、いわば身内です。

ところが、中には、憑《つ》いた相手を不幸のどん底に落とそうとねらっている霊もいるのです。それが「たたり霊」です。

しかし、たたり霊が憑いている相手に、直接何かの恨みを持っているということはほとんどなく、本当に恨んでいるのは、その人の先祖に対してです。

たとえば、何らかの形で先祖に酷《ひど》い仕打ちを受けていたり、むごい殺され方をしたりしているケースです。

その恨みを晴らすために、子々孫々までたたっているのですが、それだけ強い恨みを抱くだけの深い理由があるわけです。

しかし、それはたたる側の理屈であって、たたられている人にしてみれば、まったく身に覚えがありません。

理不尽に感じるかもしれませんが、しかし、それが因縁《いんねん》というものです。

先祖が代々積み上げてきた劫《ごう》を子孫が引き継ぐというのはそういうことです。

もちろん、その家によって先祖がどれだけ恨みを買っているかという量は違っています。数多くのたたり霊に憑かれながら生きていく人もいれば、さほどでもない方もいらっしゃいます。

しかし、実に多くの人にはたたり霊が憑いていて、事故や病気、人間関係のトラブル、仕事の行き詰まり等々、さまざまな形で、私たちの運命に悪影響を及ぼしているのです。

◈なぜ霊を救わなければならないのか

では、私たちは、たたり霊などの悪霊《あくりょう》に対して、どうすればいいのでしょうか。

たたり霊などの悪霊が憑《つ》いていると、その人の運命は、どんどんマイナスの方向に引っ張られてしまいますが、たたっている霊にとっても、決して幸せな状態とはいえません。

実は、人間に悪い影響を及ぼす悪霊などを取り除くのが、「救霊《きゅうれい》」という神法《しんぽう》なのです。

救霊は一般に行われているお祓《はら》いや除霊《じょれい》とはまったく違います。

救霊は霊を追い払うのではなく、霊界法則を説いて霊を説得し、神様に救っていただくものです。恨みを解いてしかるべき霊界にいくことが、霊にとっても本当の幸せですから、それを納得することによって霊は救われていくわけです。

ただし、一般の方にはとてもそんなことはできません。

霊の説得にあたることができるのは、深見先生の直弟子で、神様から特別な許可を得た救霊師《きゅうれいし》の方々です。

そうは言っても、たたり霊などは何百年もの間、のろい続けているわけですから、そう簡単にその恨みを解くことはありません。

救霊師は愛と真心を込めて、祝詞《のりと》をあげたり和歌を詠んだりして霊界法則を説き、また、神様から授かったいくつもの秘伝を駆使して、辛抱強く霊が本当に改心するまで説得を続けていきます。

そして、神様に霊をあの世に導いていただいて、お取り次ぎは終了します。

救霊によって救われた霊たちは、十分納得した上で霊界へ送られますから、再びこの世に舞い戻って人間に憑くようなことは、一切ありません。

ですから、救霊を受けて人生が好転する方がたくさんいらっしゃるのです。

私はそういう例を、何百件も実際にこの目で見てきました。

さらに救霊の素晴らしさは、救霊を受けた方も、救われた霊たちも、ともに幸せになっていくということです。

そして、救霊という神法《しんぽう》の中には、私たちがこの世で生きていくための、最も大切なエッセンスがすべて凝縮されています。

詳しくは、深見先生の『神界からの神通力』や『神霊界』、『大除霊』等（ともに、

ＴＴＪ・たちばな出版）をお読みいただきたいと思います。

救霊について詳しくお知りになりたい方は、深見先生が主宰されているワールドメイトまでご連絡ください。

これは、私の師匠である深見先生が、運をよくする方法や不思議な神法を、とてもやさしく教えて下さっている、大変楽しい会です。

この会に入って驚くのは、まず、とても運がよくなっていったことです。入会した方の手相が変わる様子も、何度も見ていますから、間違いなく、

「運気自体が変わっている！」

と私も確信を持っていえるのです。

私が最初にびっくりしたのは、深見先生がいつもユーモアたっぷりで、ギャグが次から次へと出てくること。そしてその中に、ハッと魂を揺さぶられるような神法が、いくつも出てくるのです。

笑ったり驚いたりしながら、この会にいるうちに、なぜか自然と「やるぞー!!」

と元気が湧いてきます。

私の手相鑑定も、受ける方々にいきなり感動していただけるようになったのは、それ以来のことなのです。新しい手相の線も、次々と発見できるようになりました。そして何より、それまでより格段に、多くの方に幸せになっていただける鑑定ができるようになったのです。

このことは、私にとって何より嬉しいことでした。その意味で、私自身も、ワールドメイトのおかげで大きく開運したのです。

それは、他では体験したことのないことで、驚くばかりという他はありません。ですから、興味をお持ちの方は、ぜひワールドメイトにお入りいただきたいです。自分の体験からも、ワールドメイトに入らないのは本当にもったいないないと思います。

ワールドメイト　フリーダイヤル　0120・507・837

◈見た目の印象をも変えてしまう救霊のスゴさ

もう少し、霊と運勢の関係を掘り下げてみましょう。

救霊を受けて、運命がガラリと好転したという方を、私も非常にたくさん見てきました。

本来ならば、一生おつき合いするはずだった「たたり霊」や「地獄に堕《お》ちている先祖霊」などが救われて、その方から離れていくわけですから、それまでの人生からは想像もできない開運の道がスタートするのもうなずけます。

長年、先祖供養を続けているにもかかわらず、体の不調を訴えていた人が、救霊を受けたら一遍でよくなった、という事例はたくさんあります。

また、『手相が教えるあなたの開運期』でもご紹介したように、五年間子宝に恵まれなかった女性が、医者から、「子供ができにくい体質です」と言われてショックを受けていたところ、友達の勧めで救霊を受けたら、その半年後に子宝に恵まれた、という例もあります。

面白い話があります。

現在二十七歳の男性ですが、五年前まではどうしようもない札付きのワルで、女のコを見れば、すぐに声をかけるような生活を繰り返していました。

もちろん目つきの悪い青年だったのですが、ひょんなことから、救霊を受けることになりました。

その青年は、あまり人には言わなかったのですが、実は、長年肩こりと頭痛に悩まされ続けていたらしいのです。

ところが救霊を受けたら、すっかり肩こりと頭痛がなくなってしまったのです。

それで、「救霊ってすごいなあ」と信じる気になったらしいのですが、実は、変わったのは、肩こりと頭痛だけではありません。

いま、その青年は、小さいながら自分で会社を立ち上げて、順調に業績を伸ばしています。

つまり、会社の経営者です。

結婚もしました。

地元の女の子と結婚して、子宝にも恵まれ、幸せな家庭を築いています。

私はたまにその青年と会うのですが、イメージは百八十度変わったといってもいいでしょう。

札付きのワルだったころの、暗くじめじめとしたイメージはまったくありません。

おそらく、五年前の彼を知っている人は、いまの彼を見ても分からないのではないでしょうか。

それくらい変わったのです。

これはほんの一例ですが、このように救霊を受けて、その後の人生が好転した例は枚挙にいとまがありません。

家庭の不和がなくなったり、仕事の展望が開けてきたりなど、それまで霊によって阻《はば》まれていたさまざまな問題が解決していくのです。

◈常識を超えた線の変化

先ほどご説明したように、救霊の効果は、すぐに本人が自覚できるときと、そうではないときがあります。

しかし、後から振り返ってみると、救霊を受けてから運命が好転したことは、だいたいの方が思い当たるようです。

そして、大変興味深いことに、**救霊を受けたことは手相にもハッキリと現れていて**、流年で見ると、**何歳のときに救霊を受けたかということまですべて分かります。**

そこで、思い出していただきたいのが、第3章のSさんとAさんです。

お二人とも、「それまでの人生からは想像もつかない大変化」が起こっていました。まずは、Sさんから見ていきましょう。

Sさんの鑑定を、第3章の途中から再現いたします。

「Sさん、四十歳の後半で、人生を激変させるような、ものすごく大きなできごとがあったはずです。それまでのSさんの人生からは想像もつかないような太陽線が、四十歳の後半からピッと伸びていますから」(図44のA)

「……。あっ、はい。確かにありました！」

Sさんは、確信に満ちてハッキリと答えました。

そこで私は、

「Sさん、ズバリ、そのとき救霊を受けたでしょう！」

というと、

「ええっ⁉　水落さん、なんで、そこまで分かるんですか？」

Sさんは、ただただ驚くしかない、という表情をしていました。

Sさんが「八方塞がり」のエリアに突入したのは三十六歳でした。

おそらく、三十六歳〜三十八歳の間は、何をやってもダメだったはずですが、さらに追い討ちをかけるように、三十九歳のとき、三十六歳のとき以上に純度の高い障害線が、バッサリと入っています。

人生の方向性をまったく見失い、途方にくれていたことでしょう。

衰運期というのは、その人がワンランク上の人間になるために脱皮をしなければならないときですが、神様は、常に一石二鳥も三鳥もねらっておられますから、衰運期のときに、劫《ごう》の抹消も同時になされようとなさるのです。

ですから、こういうときに、霊障《れいしょう》で苦しむことになるのだともいえるでしょう。

Sさんは、この苦しい時期に「救霊」の存在を知り、ワラをもつかむ思いで救霊を受けられたのだそうです。

救霊を受けると、神様に許されただけの霊がことごとく救われていきます。

もしもSさんが、救霊を受けていなければ、たたり霊とともに生きていかねばならない一生、地獄に堕《お》ちているご先祖の皆さんとともに生きていかねばならない一生が、ずっと続いていたことになります。

ところが、救霊を受けたことによって、Sさんからマイナスの要因がきれいになったのです。

だからこそ、**救霊を受けた時点で、いままでの人生からは想像もつかない開運の道がスタートしていたのです。**

それが、四十歳の後半に、Sさんのそれまでの人生ではあり得ないスゴイ線が入っていた理由です。

私がこの法則を知ったときは、あまりにハッキリと線が出ていたのでビックリした覚えがあります。

それ以降、Sさんのように「それまでの人生からは想像もつかない開運の線が入っている」方には、

「この年に救霊を受けたでしょう」

とお聞きするようにしているのですが、これまで百パーセント間違いなかったのです。そのことについて、深見先生から、

「救霊を受けると、そこから人生が好転する人が多いのです。なぜならば、徳積みのチャンスが大きく開け、運気が変わり始めるからです。もう少し厳密にいいますと、運気が変わるためのあらゆる環境が整うのです」

ということをお聞きしたことがあります。このことからも、救霊を受けるということが、いかにすごいことかがよく分かります。

なおAさんも、救霊を受けていましたが、手相は確実に変わっていました。

Aさんが初めて救霊を受けたのは二十九歳のときです。

というのは、二十九歳の障害線は最高純度といってもいいくらいで、そのままだったら、死んでいてもおかしくないものだったからです。

もしもこのとき、Aさんが救霊を受けていなければ、三十歳のAさんはなかったかもしれません。

つまり、図49から図50のような変化は、自力だけでは起こりえないものだと断言してもいいでしょう。

それ以降、現在四十五歳になるまでに、Aさんは何回か救霊を受けたそうです。最初の図49といまの図48では、まるで別人のような手相だといってもおかしくありません。

二十九歳のときに初めて救霊を受けて、それまで信じていなかった「目に見えない存在」に目を向けて、四十五歳のいまに至るまで、Aさんは人生の本義にもとづく、素晴らしい人生を歩んでいるのです。

さらには、ずいぶんと徳《とく》も積んでいらっしゃるようです。

このように、救霊の開運効果は手相にもハッキリと現れます。

もし過去に違う選択をしていたら、現在どうなっていたかということは、本人には分かりづらいものですが、絶対に手相はウソをつきません。

実際、「救霊を受けていなかったら、どうなっていたんだろう」と思う人は少なくありません。

しかし、逆にいえば、その方は受けるべくして救霊を受けたと言えるのです。

何らかの縁があったからこそ、その方の守護霊様が救霊を受けるように導いておられるのです。

「救霊は受けるものではなく、受けさせていただくものです。というのは、神様や守護霊様からの許可がなければ、救霊を受けるチャンスにも巡り合わないからです」

深見先生はハッキリとそうおっしゃいます。

ただし、救霊を受けさえすれば、バラ色の未来が待っているわけではありません。あくまでも、**運命に対するマイナス要因が排除された後の本人の努力が何よりも大切である、**ということは言うまでもありません。

◆人生の本当のテーマ

いよいよ本書も終わりに近づいてまいりました。

ここまでお話ししてきたことを実行されれば、皆さんの人生は、きっと素晴らしい方向に展開していくことでしょう。

しかも、手相の面白さは、どのように変化していくかが、しっかりと自分の目でも確認できるということです。

ところで、人生のシナリオを書き変えていくとき、時間の軸を意識する必要があります。

一回の人生は有限であり、大きな目標があっても、ある年齢までに一定のレベルまで進んでいなければ、実現が難しい場合があることは確かです。

人はそこで挫折を味わうことになるのですが、若いうちであれば、次なる目標をまた見つけて、チャレンジし続けていくことは、それほど難しくありません。

ただし、かなりの年齢になってから、それまで積み上げてきたことが一気に崩れてしまった場合、次の目標に向かっていくのはなかなか厳しいものがあることでしょう。

そこでついつい、「私の人生は失敗だった」と思ってしまいがちですが、実は人生に失敗ということはありません。

というのは、人生は一回限りのものではなく、生まれ変わり死に変わりを繰り返して、魂を磨き続けているからです。

前にもご説明したように、人によって、今回の人生の舞台設定や用意されたストーリーにいろいろな違いがあるのは、前世《ぜんせ》の因縁《いんねん》によるものです。

しかし、今回の人生で積んだ徳《とく》や才能などの新たな因縁は、来世《らいせ》へと継承できるのです。

そう考えると、たとえどんな状況になったとしても、「これで終わり」ということはなく、今この瞬間からでも、巻き返していくことが十分に可能なのです。

私たちが人生で経験することはすべて、魂を磨くためのプロセスに過ぎません。

そして、劫《ごう》を刈り取り、徳《とく》を積んでいくのも、魂を磨き、進歩向上させていくために必要なことなのです。

ですから皆さんには、こうしたことを分かった上で、今回の人生のシナリオを、納得のいく素晴らしいストーリーに書き変えていっていただきたいと、心の底から願っています。

水落英雄氏の活動についてのお問い合わせは、下記までお願いいたします。
また、無料パンフレット（郵送料も無料）が請求できます。ご利用ください。

お問い合わせ　フリーダイヤル
0120 - 507 - 837

◎ワールドメイト

東京本部	TEL	03-3247-6781
関西本部	TEL	0797-31-5662
札幌	TEL	011-864-9522
仙台	TEL	022-722-8671
東京（新宿）	TEL	03-5321-6861
名古屋	TEL	052-973-9078
岐阜	TEL	058-212-3061
大阪（心斎橋）	TEL	06-6241-8113
大阪（森の宮）	TEL	06-6966-9818
高松	TEL	087-831-4131
福岡	TEL	092-474-0208

◎ホームページ
https://www.worldmate.or.jp

水落英雄（みずおち・ひでお）

1961年、福岡県生まれ。血液型Ｂ型。さそり座。

10歳で手相の世界と衝撃的な出合いをし、それ以降、ずっと手相の研究を続けている。

19歳よりモトクロス世界チャンピオンを目指していた20代後半に、芸術、福祉、実業、神道研究などの分野で幅広く活躍する深見東州先生、またその師匠の植松愛子先生との出会いがあり、両先生に師事する。

多くの著名人も含めて、今までの鑑定件数は4万件を超える。

自分《じぶん》に奇跡《きせき》を起《お》こす手相術《てそうじゅつ》！

平成18年11月20日　初版第１刷
令和４年７月31日　２版第10刷

著　者　水落英雄
発行者　杉田百帆
発行所　株式会社　TTJ・たちばな出版
〒167-0053 東京都杉並区西荻南2-20-9 たちばな出版ビル
TEL 03-5941-2341(代) FAX 03-5941-2348
ホームページ：https://www.tachibana-inc.co.jp

印刷・製本　萩原印刷株式会社

カバー・本文デザイン　コミュニケーションアーツ株式会社

ISBN978-4-8133-1983-2

スーパー開運シリーズ

各定価（本体1000円＋税）

●188万部突破のミラクル開運書―ツキを呼び込む四原則

強運

深見東州

あなたの運がどんどんよくなる！
仕事運、健康運、金銭運、恋愛運、学問運が
爆発的に開ける。神界ロゴマーク22個を収録！

●83万部突破の金運の開運書。金運を呼ぶ秘伝公開！

大金運

深見東州

あなたを成功させる、金運が爆発的に開ける
ノウハウ満載！「金運を呼ぶ絵」付き!!

●39万部突破。ついに明かされた神霊界の真の姿！

神界からの神通力

深見東州

不運の原因を根本から明かした大ヒット作。
これほど詳しく霊界を解いた本はない。

●29万部突破。現実界を支配する法則をつかむ

神霊界

深見東州

人生の本義とは何か。
霊界を把握し、真に強運になるための奥義の
根本を伝授。

●39万部突破。あなた自身の幸せを呼ぶ天運招来の極意

大天運

深見東州

今まで誰も明かさなかった幸せの法則。
最高の幸運を手にする大原則とは！

●28万部突破。守護霊を味方にすれば、爆発的に運がひらける！

大創運

深見東州

神霊界の法則を知れば、あなたも自分で運を創ることができる。
項目別テクニックで幸せをつかむ。

●45万部突破。瞬間に開運できる！　運勢が変わる！

大除霊

深見東州

まったく新しい運命強化法！
マイナス霊をとりはらえば、あしたからラッキーの連続！

●60万部突破。あなたを強運にする！　良縁を呼び込む！

恋の守護霊

深見東州

恋愛運、結婚運、家庭運が、爆発的に開ける！
「恋したい人」に贈る一冊。

●45万部突破。史上最強の運命術

絶対運

深見東州

他力と自力をどう融合させるか、究極の強運を獲得する方法を詳しく説いた、運命術の最高峰！

●45万部突破。必ず願いがかなう神社参りの極意

神社で奇跡の開運

深見東州

あらゆる願いごとは、この神社でかなう！　神だのみの秘伝満載！　神社和歌、開運守護絵馬付き。

●スーパー開運シリーズ　新装版

運命とは、変えられるものです！

深見東州

運命の本質とメカニズムを明らかにし、ゆきづまっているあなたを急速な開運に導く！

スーパー開運シリーズ

新装版

運命とは、変えられるものです！

深見東州

その本質とメカニズムを明らかにする

恋愛、結婚、就職、仕事、健康、家庭―あなたは、運命は変えられないと思っていませんか。誰よりも「運命」に精通している著者が、運命の仕組みを明快に解き明かし、急速に開運に導く決定版。

定価（本体1、000円＋税）